La Iglesia y la esclavitud
de los negros

Serie: Historia

LA IGLESIA
Y LA ESCLAVITUD
DE LOS NEGROS

JOSÉ ANDRÉS-GALLEGO
JESÚS MARÍA GARCÍA AÑOVEROS

EDICIONES UNIVERSIDAD DE NAVARRA, S.A.
PAMPLONA

Primera edición: Octubre 2002

© 2002. José Andrés-Gallego y Jesús María García Añoveros
Ediciones Universidad de Navarra, S.A. (EUNSA)
Apdo. Correos 5.196. 31010 Barañáin (Navarra) - España
Teléfono: +34 948 25 68 50 – Fax: +34 948 25 68 54
e-mail: eunsa@cin.es

ISBN:84-313-2025-7
Depósito legal: NA 2.759-2002

Queda prohibida, salvo excepción prevista en la ley, cualquier forma de reproducción, distribución, comunicación pública y transformación, total o parcial, de esta obra sin contar con autorización escrita de los titulares del *Copyright*. La infracción de los derechos mencionados puede ser constitutiva de delito contra la propiedad intelectual (Artículos 270 y ss. del Código Penal).

Ilustración cubierta:
Esclavos conducidos desde el interior de África a la costa.
Litografía. The Mansell Collection

Tratamiento de texto:
Pretexto. Pamplona

Imprime:
Gráficas Alzate, S.L. Pol. Ipertegui II. Orcoyen (Navarra)

Printed in Spain - Impreso en España

Índice

Razón de ser de lo que sigue 9

I
EL DEBATE SOBRE LA LICITUD
DE LA ESCLAVITUD DE LOS NEGROS

El punto de partida 15
Los primeros pronunciamientos pontificios: 1454, 1462, 1537 19
El debate de los siglos XVI-XVII 24
Los primeros «radicales»: de Las Casas a Frías de Albornoz 28
El problema, en la Compañía de Jesús, y la solución de Molina 39
Sandoval 53
La condena bíblica del hijo de Noé y de todos sus descendientes 61
La intervención de los capuchinos 66
Los argumentos de Jaca y de Moirans 71
La intervención de Carlos II y la de la curia romana 81
La reorientación del siglo XVIII 92

II
LOS ARGUMENTOS

La justificación de la esclavitud en sí misma 97

Las nueve causas reales de la esclavitud de los negros. Primera causa: la guerra injusta 105

Segunda causa: el nacimiento 109

Tercera causa: la venta de sí mismo 110

Cuarta causa: los padres que vendían a sus hijos 111

Quinta causa: la esclavitud como castigo 113

Sexta causa: el puro y simple engaño 115

Séptima causa: la conmutación de la pena 117

Octava causa: el beneficio de cristianarlos y de civilizarlos 119

Novena causa: el provecho de América 129

Los deberes de los esclavos 131

Los negreros y sus problemas de conciencia: el muestrario de Sandoval 132

El problema de averiguar la licitud de la esclavitud de cada ser humano concreto...................... 139

La responsabilidad de los reyes y obispos y de los eclesiásticos en general 143

La responsabilidad de los mercaderes 146

La responsabilidad del segundo y tercer comprador 150

La culpabilidad universal 157

El buen trato de los esclavos y las maneras de entenderlo 162

Epílogo. Hacia la condena de la institución de la esclavitud 167

Referencias bibliográficas 181

Razón de ser de lo que sigue

Hemos sido muchos, y desde hace mucho, los que nos hemos preguntado por qué los papas no condenaron la esclavitud hasta el siglo XIX y consintieron durante casi cuatro siglos la tragedia padecida por los habitantes del África negra, en América sobre todo. Y nadie, nunca, ha dado una explicación satisfactoria.

Claro que podría considerarse —y algunos lo han considerado— como una prueba de que los afanes de Roma se movían por otros intereses. Pero la verdad es que hasta una explicación maniquea carece de lógica. Hubiera sido más sencillo dejar que se esclavizara también a los indios de América, cosa que los pontífices prohibieron expresamente desde 1537. En el peor de los casos, si los indios no resistían el trabajo a que eran sometidos, lo mejor hubiera sido esclavizar a unos y otros: a los indígenas y a los negros. Y, sin embargo, no fue así: los papas exigieron —de acuerdo con los reyes de España— la libertad de los indígenas y, además, esa decisión de gobierno fue rodeada, precedida y, sobre todo, seguida de una larga discusión teológica sobre la naturaleza de esos indios que, por su magnitud, terminaría por poner los fundamentos de saberes tan dispares como la antropología cultural, el derecho internacional o la economía de mercado [1]. Una verdadera multitud de teólogos y juristas, españoles principalmente, se planteó todo lo que cabía imaginar: si podía existir en sí la esclavitud; si los indios eran humanos; si —aunque lo fuesen— eran naturalmente esclavos, como podía deducirse de Aristóteles; si —pese a que no lo eran— cabía hallar motivos para someterlos a servidumbre... Y todo esto, durante más de doscientos años. Para responder, en todos los casos, que los indios no podían ser sometidos a esclavitud.

¿Cómo puede ser que aquellos teólogos y juristas católicos de los siglos XVI y XVII, que defendieron a los indios de esa forma, a veces enfrentándose a las autoridades civiles, guardasen silencio ante la sumisión de los negros?

¿Cómo puede ser que un papa del siglo XVI —Paulo III— saliera valedor de los indígenas en 1537 y hubiera que esperar trescientos años para que otro pontífice —Gregorio XVI en 1839— hiciera lo mismo a favor de los negros?

---

1. La bibliografía sobre teología acerca de los *justos títulos* de la Conquista y de la libertad de los indígenas es amplísima. En el Departamento Enrique Flórez, de Historia de la Iglesia, del Consejo Superior de Investigaciones Científicas (Centro de Humanidades, Instituto de Historia), Enrique García Hernán está elaborando un elenco completo de esa bibliografía. *Vid.* además la colección *Corpus hispanorum de pace,* publicada por el mismo CSIC.

Ciertamente, en los siglos de los que hablamos —XVI, XVII, XVIII, en parte el XIX—, los papas no solían intervenir públicamente con la frecuencia en que lo harían desde finales del Ochocientos, de León XIII en adelante. No es extraño, por eso, que a la condena de Gregorio XVI siguieran once años de silencio, hasta 1850, en que Pío IX aludió al problema del esclavismo en la bula de beatificación del futuro san Pedro Claver [2], y hubiera que esperar a 1888 para que precisamente León XIII tomara cartas en el asunto y comenzara así una cadena de referencias condenatorias que llegarían a la de Pío X en 1912 [3].

Pero, aun así, siguen en pie los trescientos años que corren entre la toma de postura a favor de los indios en 1537 y la de 1839 a favor de los negros.

En 1992, Ignacio Hernando de Larramendi me propuso abrir una investigación colectiva acerca de la aportación de los negros a la construcción de América y, desde el primer momento, pensé que había que hacer sitio a ese enorme problema del silencio de los pontífices y de los teólogos y juristas católicos. Por eso, en el proyecto consiguiente —que llamamos *Afroamérica, la tercera raíz,* felizmente influidos por Luz María Martínez Montiel—, se previó la existencia de una monografía

2. *Vid.* SÁEZ (1994), pp. 106-110. En realidad, en este texto, el papa no habla del presente, sino de la situación de los esclavos en el siglo XVII.
3. Sobre estas condenas posteriores a 1888, *vid.* SÁEZ (1994), pp. 27-28.

que llevara el título de estas páginas: *La Iglesia y la esclavitud de los negros* [4].

Pero, también desde el primer momento, pareció que ese camino no llevaría a buen puerto si se reducía a un examen de las relaciones entre frailes y esclavos, o a la enumeración —apologética o crítica— de lo que habían hecho aquéllos a favor de éstos, o a los silencios de los papas. Todo esto era el resultado y lo que había que encontrar era la raíz.

Por aquellos días, Jesús María García Añoveros, que había ido orientando su investigación hacia el estudio de algunos de aquellos teólogos indigenistas de la España del siglo XVI, había decidido iniciar una investigación sobre el problema de la esclavitud de los indios en esa teología. Y no dudé en hacer sitio a esa intención en aquel proyecto —*Afroamérica, la tercera raíz*—, pidiéndole que ampliase su pesquisa para ver si encontraba la explicación de aquel silencio sobre la servidumbre de los negros.

Lo que Jesús M.ª García Añoveros se proponía no era tan sólo repetir una vez más cómo aquellos teólogos defendieron la libertad de los indígenas, sino rehacer su mundo mental. Lo que intentaba hacer —e hizo— no sólo era leer y analizar las obras de aquéllos, sino acudir además a las fuentes a las que acudían esos teólogos para justificar su postura. Partiendo de ese supuesto (que, de hecho, le obligaría a retroceder hasta Heródoto, pasando

---

4. *Vid.* los primeros resultados de ese y otros proyectos en ANDRÉS-GALLEGO (2000).

por los más diversos autores de las edades antigua y media, porque resultó ser enorme el bagaje de clasicismo que tenían aquellos pensadores), podía comprenderse mejor, por lo pronto, el modo de pensar, los hábitos intelectivos de los teólogos del XVI y el XVII y era posible explicarnos al menos por qué guardaron silencio sobre lo que ocurría en África. Eso si no encontrábamos algo más.

Encontró algo más. En el pensamiento, tantas veces citado, pero nunca leído del todo, de algunos de aquellos teólogos, claro que se hablaba de la esclavitud africana.

Jesús M.ª García Añoveros publicó los resultados de su investigación en un libro, en el que ya aparece esa cuestión [5], y yo tomé el testigo con idea de examinarla en sí misma —separándola de la esclavitud de los indios— y continuar tirando de un hilo que parecía todavía prometedor.

El fruto de este empeño está en estas páginas [6]. En ellas aparece una historia frustrada: la de cómo algunos teólogos y juristas católicos, españoles y

---

5. *Vid.* GARCÍA AÑOVEROS (2000). Es de justicia citar la obra —anterior— de Jean Pierre TARDIEU (1993), entre otros autores.
6. Las firmamos los dos porque Jesús M.ª García Añoveros tuvo la generosidad de facilitarme la mayoría de los textos que empleo en esta monografía relativos a Bartolomé Frías de Albornoz, Diego de Avendaño, Agustín Barbosa, Esteban Fagúndez, Baptista Fragoso, Francisco García, Pedro de Ledesma, Luis de Molina, Fernando Rebello, Tomás Sánchez, Miguel Bartolomé Salón, Domingo de Soto y Solórzano Pereira y me parece conveniente reconocer así su trabajo.

portugueses casi todos, de los siglos XVI y XVII condenaron ciertamente la esclavitud de los negros y lo hicieron con la misma fuerza con que ellos y otros teólogos y juristas de esos años hacían lo propio con la esclavitud de los indios. Es cierto que los que se ocuparon de éstos fueron muchas más. Pero eso no tiene que ver con la fuerza de la condena, sino con la distinta naturaleza del problema, según procuraremos explicar.

De momento digamos que aquellos juristas y teólogos —algunos de ellos, de los más importantes de la época— no dudaron en corregir la doctrina pontificia vigente en el siglo XV, según la cual la esclavitud de los negros podía ser una vía lícita y encomiable de evangelización. Y, en 1686, consiguieron que tomara cartas en el asunto la propia Inquisición.

Nuestro propósito, en suma, es el de explicar un silencio que en realidad no existió; también, el de dar a entender una frustración que, en cambio, fue palmaria[7].

JOSÉ ANDRÉS-GALLEGO

---

7. En mi caso, trata también de rectificar lo que, replicando a una errónea y gravemente injusta interpretación histórica del racismo publicada por la Pontificia Comisión *Iustitia et pax,* escribí sobre el silencio de los papas ante la esclavitud de los negros en «Tragar verdades»: *Historia abierta,* núm. 2 (1990), XIV-XV.

Nota del autor: en la transcripción de textos antiguos; se añaden en cursiva las letras que faltan en el original. Las citas que se ponen en estilo indirecto, al no ser textuales, están en cursiva sin comillas.

I
El debate sobre la licitud de la esclavitud de los negros

EL PUNTO DE PARTIDA

Lo primero que hemos de hacer es situar el problema. Que no es la esclavitud. La esclavitud existía de antiguo: existía en la mayoría de las civilizaciones del mundo, y las primeras comunidades cristianas se encontraron con ella, como algo usual, en el Imperio romano.

Ahora bien, la servidumbre romana no se consideraba como algo perverso; era una forma más de someter unos hombres a otros cuando había una causa justa (partiendo de la base de que podía haberla).

Los cristianos, por tanto, no rechazaron esa institución. Podían haberlo hecho, pero no lo hicieron. Seguramente, tuvieron en cuenta que el propio Cristo había vivido en un rincón del Imperio, siervos incluidos, y no la había rechazado. Y lo mismo san Pablo y san Pedro: se habían limitado a requerir a los dueños para que trataran bien a sus siervos, incluso como hermanos [1], y a aconsejar a los siervos que obedecieran a aquéllos como a representantes de Dios [2], sin decir ni a unos ni a otros que dejaran de ser lo que eran.

Los cristianos optaron, consecuentemente, por lo mismo que, en general, hicieron con las demás instituciones de Roma —aquellas que sus pastores y teólogos juzgaron compatibles con el cristianismo—: amoldaron la servidumbre al credo cristiano y, por tanto, elevaron la relación entre siervos y amos a una forma de relación paternal, si no fraternal. La esclavitud, con ello, no se extendió con el cristianismo, sino con la cultura romana. Pero convivió con el cristianismo allí donde éste llegó.

Que los esclavos fueran negros, precisamente, es algo posterior y distinto. En el África negra, había esclavitud igual que en otros muchos territorios. Esclavitud interior, por así llamarla: unos negros sojuzgaban a otros y los retenían a su servicio o los vendían.

Esto último también: mucho antes de que se les ocurriera a los europeos hacer lo propio, los reyezuelos y mercaderes africanos habían articulado una corriente de comercio esclavista muy fuerte y abundosa, que ligaba los mercados del África negra con los del Magreb y Arabia y surtía estas tierras de esclavos negros. Fue este flujo que ya existía el que, en el siglo XV, se orientó también hacia

---

1. *Vid.* Ef 6, 9, y Col 4, 1, además de la epístola a Filemón.
2. *Vid.* Ef 6, 5-8; Col 3, 22-25; I Tim 6, 1-2; Tit 2, 9; I Pe 2, 18.

la Europa mediterránea y, por extensión de ésta, hacia América, ya a comienzos del siglo XVI. Un hilo conductor principal fue la propagación del modelo de explotación económica que fue la *plantación*, sobre todo para el cultivo de la caña de azúcar; las *plantaciones* habían nacido en Chipre después de las Cruzadas, en el siglo XIII, de la mano de comerciantes venecianos y genoveses que pretendían abastecer de esa manera el mercado europeo, nutrido hasta entonces de azúcar de Oriente Medio y el Magreb. Y, desde Chipre, el sistema se extendió hacia el Occidente mediterráneo en el siglo XV: a Creta y Sicilia, luego a Valencia, Málaga y el Algarve y, desde aquí, a Cabo Verde y, en el siglo XVI, a Santo Tomé [3].

Desde el principio, el cultivo en plantaciones estuvo vinculado a la esclavitud y, en concreto, a la negra africana, pero no de manera exclusiva hasta mediar el siglo XV, en que la caída de Cons-

---

3. El archipiélago de Madeira se ha de excluir después de los estudios de VIEIRA (1991, 1996: 10-2) que demuestran que aquí, a finales del siglo XV, se documenta ciertamente la existencia de una explotación —propiedad de un flamenco— donde ya se reunían los elementos de lo que se ha denominado la *trilogía* esclavista: la casa del señor, el ingenio y la Iglesia. Pero nada más: ni en Madeira ni en el Mediterráneo la esclavitud aportaba la fuerza de trabajo dominante; era una parte menor en la organización económica. No tenían que ver aquéllas con las plantaciones desarrolladas en América desde el siglo XVI, sobre todo en el XVII. En todo caso, los pasos intermedios pudieron darse en Cabo Verde y Santo Tomé, donde sí tuvo peso importante la esclavitud en el cultivo del azúcar, en el tránsito del siglo XV al XVI.

tantinopla en poder de los turcos (1453) cerró las puertas de los mercados esclavistas del Mar Negro al mismo tiempo en que los navegantes portugueses creaban enclaves costeros en el África negra, descubrían la existencia de aquel fluido comercio interior de esclavos, entre las tribus africanas, y estructuraban el mercado esclavista definitivo. No hubo otra razón inicialmente para esclavizar a los negros. Luego, en el siglo XVI y sobre todo en el XVII —en las Indias occidentales portuguesas, francesas y británicas, apenas en las de España[4]—, vendría la extensión del régimen de plantaciones a América y, con ella, la entrada de negros[5].

Aparte, en todos los ámbitos indianos —en este caso, también en el hispano—, hubo una esclavitud doméstica y urbana, que también se nutrió de negros, pero que no tuvo la relevancia cuantitativa que alcanzó en los territorios abundantes en plantaciones, aunque no fuera desdeñable.

En total, el conjunto de la migración negra esclava, incluida la dirigida hacia el Magreb, o sea, también la transahariana, no sólo la atlántica, acaso removió entre 1492 y 1870 a 29.787.000 seres humanos, de los cuales 15,4 millones pasaron a América, cierto que según los cálculos más abultados[6].

---

4. *Vid.* HIGMAN (2000).
5. Sobre todo esto, *Vid.* CURTIN (1990).
6. *Vid.* INIKORI (1982). El punto de partida del cálculo son, sin embargo, los datos de CURTIN (1969), p. 269, que son éstos:

En el siglo XVI, la migración forzada a América fue relativamente escasa (acaso 125.000 individuos). Pero se multiplicó por cien en el siglo XVII y por seiscientos en el siglo XVIII.

LOS PRIMEROS PRONUNCIAMIENTOS PONTIFICIOS: 1454, 1462, 1537

Se podría entender, por lo tanto, que, en el Quinientos, la esclavitud negroafricana no llamara la atención.

Pero la llamó.

En realidad, ya la había llamado en el Cuatrocientos.

En 1454, en la bula *Romanus Pontifex*, el papa Nicolás V había sancionado lo que, a su propio de-

Esclavos importados en América, 1492-1870					
América...	1492-1600	1601-1700	1701-1810	1811-1870	Total
Española	75.000	292.500	578.600	606.000	1.552.100
Portuguesa	50.000	560.000	1.891.400	1.145.400	3.646.800
Británica	0	263.700	1.749.300	51.000	2.064.000
Francesa	0	155.800	1.348.400	96.000	1.600.200
Holandesa	0	40.000	460.000	0	500.000
Danesa	0	4.000	24.000	0	28.000
Total	125.000	1.316.000	6.051.700	1.898.400	9.391.100

Ya se ve que, en proporción al territorio, la América esclavista por excelencia fue la francesa, seguida de la holandesa, o sea, los territorios más pequeños, pero más intensivamente cultivados en régimen de plantaciones.

cir, habían sancionado anteriormente algunos de sus predecesores; es a saber: la *facultad plena y libre* del rey de Portugal,

> «para a cualesquier sarracenos y paganos y otros enemigos de Cristo, en cualquier parte que estuviesen, a los Reinos, Ducados, Principados, Señoríos, posesiones y bienes muebles e inmuebles, tenidos y poseídos por ellos, invadirlos, conquistarlos, combatirlos, vencerlos y someterlos, y reducir a servidumbre perpetua a las personas de los mismos».

A la letra, en lo que acabamos de transcribir, parecía suponerse que lo que esos monarcas portugueses estaban efectuando en África, tan lícitamente, era luchar contra los *enemigos de la fe*, siendo así que los negros no lo eran realmente. Pero ésa fue la razón que se adujo para bendecir el naciente tráfico.

La confusión estaba ciertamente en el propio pontífice, quien, en la misma bula citada, de manera inequívoca, daba por bueno lo que vamos a ver que condenarían con toda libertad los teólogos desde el siglo siguiente: el rey Alfonso V y don Enrique el Navegante, explicaba Nicolás V, habían conquistado la Guinea (o sea, la costa occidental subsahariana de África, que era lo que recibía ese nombre) y,

> «después de ello, muchos guineos y otros negros, capturados por la fuerza, y también algunos por cambio con cosas no prohibidas o por otro contrato legítimo de compra, fueron traídos a estos Reinos citados; de los cuales, en ellos, un gran número se convirtieron a la fe católica, esperándose que, con

ayuda de la divina clemencia, si continúa con ellos el progreso de este modo, estos pueblos se convertirán a la fe o al menos las almas de muchos de ellos se salvarán en Cristo»[7].

Así pues, contemplaba con contento el hecho de someter a servidumbre a los negros, y porque, con eso, se convertían al cristianismo.

De facto, uno de los primeros sucesores de Nicolás V, Pío II, tardó sólo siete años en contradecirle, si se puede entender así la carta de 1462, dirigida a un obispo misionero que iba a partir hacia la Guinea, donde le exhortaba a dejar caer el peso de las censuras eclesiásticas sobre aquellos cristianos que sometían allí a esclavitud a los *neófitos,* entiendo que en el sentido eclesial —el de recién bautizados— de la palabra[8].

---

7. *Cit.* TARDIEU (1993), pp. 41-42, donde se fecha en 1455, como RINALDI (1693), XVIII, annus 1455, p. 430. El texto íntegro latino de la carta *Romanus Pontifex,* que es de la que se trata, en COCQUELINES (1760), III, pars III, pp. 70-73. Aquí aparece fechada en 1454, *sexto idus Januarii.*
8. RINALDI (1694), XIX, annus 1462, p. 121.

MINGUIJÓN (1956), p. 726, cita parte de este texto como si perteneciera a la carta, cambiando las palabras latinas (cierto que basánsose en una reedición de Rinaldi de 1752 que no es la que yo he podido consultar), y lo interpreta como una verdadera condena de la esclavitud: el papa habría escrito al obispo guineano que el principal obstáculo para la evangelización de aquellas gentes era la esclavitud a que se sometía a los negros, esclavitud que consideraba una gran maldad (*magnus scelus*). Por eso le ordenaba que impusiera censuras eclesiásticas a aquellos que arrebatasen a los neófitos para hacerlos esclavos («*nefarios, qui neophytos in servi-*

Cuando los papas Nicolás V y Pío II contemplaron de esta manera la servidumbre de los negros, no se había descubierto América. Los primeros negros esclavos llegaron a América como criados de españoles que pasaban a las Indias. Pero, en seguida, en 1511[9], cuando se vio que los indígenas no resistían el trabajo que pretendían colonos y mineros españoles, algunos religiosos aconsejaron que se introdujeran negros bozales de la Guinea y, así, el que había sido hasta entonces un flujo puramente doméstico —de señores con sus criados— se empezó a convertir en un verdadero comercio «especializado», en el que iban a competir negreros portugueses, ingleses, franceses y holandeses principalmente durante más de trescientos años.

Que lo aconsejaran precisamente religiosos —dominicos en 1511, el entonces sacerdote secular don Bartolomé de Las Casas (dominico después) en 1516, frailes jerónimos en 1518— y por razones altruistas —evitar la muerte de los indios— da idea ya de que lo consideraban enteramente lícito e incluso bueno. No en vano contaban con el respaldo pontificio.

---

tutem abstrahunt». Lo mismo, SÁEZ (1994), pp. 24-25, quien, sin embargo, en las páginas 88-89, traduce el texto de Rinaldi (aun basándose también en una edición posterior) tal como lo cito arriba.

9. Según se desprende de TARDIEU (2000), «Trata y lascasismo», a quien sigo además en lo que se refiere al comienzo del tráfico negrero y concretamente a Las Casas, si no indico otra cosa.

En puridad, ese respaldo pudo considerarse quebrado en 1537, cuando, en un breve dirigido al arzobispo de Toledo, el papa Paulo III prohibió la esclavitud en las Indias, no sólo en la persona de los indígenas, sino en la de *otras gentes* cualesquiera: «*Occidentales ac Meridionales Indos, et alias gentes*» [10]. Pero el *alias gentes* pasó desapercibido, dejando así, *de facto*, un vacío normativo.

Se entiende de este modo que, en 1553, cuando las guerras en el centro de Europa apremiaban de manera angustiosa en orden a la búsqueda de recursos y, en Castilla, el banquero Hernando de Ochoa propuso al todavía príncipe Felipe que se le concediera asiento para llevar 23.000 negros a las Indias, el futuro Felipe II pidiera el parecer a varios teólogos, pero no sobre si la esclavitud era lícita —cosa que dieron todos por supuesta—, sino acerca de si era lo mejor para el bien común esa transacción económica concreta. Lo dice expresamente, en su respuesta, fray Alonso de Castro:

> «presupongo que enviar esclavos a las Indias no era cosa, de su natural, injusta ni ilícita, sino solamente lo es por la ley del Rey que veda llevar esclavos a las Indias si no fuere con su expresa licencia. Y, puesto así, es menester examinar el fin para que esta ley se hizo» [11].

10. *Cit.* BLANCO (1814), p. 127.
11. *Vid.* CERECEDA (1946), p. 591.

El debate de los siglos XVI-XVII

Algo antes, sin embargo, ya le planteaba el dilema fray Bernardino de Vique al teólogo dominico fray Francisco de Vitoria, concretando sus dudas en cuatro preguntas, que demostraban que se habían comenzado a saber las dolosas maneras con que eran sometidos a esclavitud los negros en África: primera, si era lícito engañar a los negros para hacerlos esclavos como solían algunos mercaderes, llevando a Guinea «juguetes» y capturando a los negros que caían en la tentación de entrar a verlos, sin duda a los barcos; segunda, si era lícito someter a esclavitud a los que fueran hechos esclavos en guerra; tercera, si lo era comprar a los negros condenados a muerte, de modo que la condena se trocase en esclavitud y si, en este caso, había de ser esclavitud temporal o perpetua; cuarta, si, para tener tranquila la conciencia, bastaba creer que ni el rey de Portugal ni los de su Consejo permitirían adquisiciones injustas.

Vitoria respondió de manera un tanto ligera; no meditó esta respuesta como meditó las que dio en las famosas *relectiones* sobre los indios. Si los esclavos habían sido hechos tales en guerra entre negros —dijo a Vique—, no había inconveniente en adquirirlos, sin entrar en si la guerra había sido o no justa;

> «los portugueses no son obligados a averiguar la justicia de las guerras entre los bárbaros. Basta que éste es esclavo, sea de hecho o de derecho, y yo le compro llanamente».

Otra cosa era lo de atraer con dolo —con «juguetes»— y aprehender de este modo a los negros. Ante esto Vitoria no vaciló: «sin duda si se tuviese por cierto que los portugueses se alzan con ellos por aquella forma y ruindad, yo no sé por dónde los pueda nadie tener por esclavos». Pero no creía que fuera así; entre otras cosas porque, si sucediera, siempre habría alguien que lo denunciaría ante el rey de Portugal y era inverosímil que, sabiéndolo, éste lo consintiera.

En cuanto a si era lícito conmutar la pena de muerte por la de servidumbre, sólo lo era si el reo lo aceptaba:

> «siendo tierra donde se puede uno facer esclavo por muchas maneras y voluntariamente venderse, ¿por qué no se podrá voluntariamente dar por esclavo del que le quisiere rescatar [...]? Parésceme que se puede tener por esclavo por toda la vida».

Por fin, sobre lo de fiar en los reyes:

> «Verdad es que, si alguna cosa de inconveniente o injusticia se afirmase por muchos por cosa cierta, no me osaría a tener universalmente a esta excusa: que el rey lo sabe y los de su Consejo. Los reyes piensan a las veces del pie a la mano, y más los del Consejo» [12].

Aparte de este precedente importante, el primer teólogo que abordó la cuestión de la licitud de

---

12. VITORIA (1930-1931), pp. 38-40. Lamentablemente, la carta de Vitoria no está fechada.

la esclavitud de los negros de forma sistemática fue otro dominico famoso, catedrático también en Salamanca, el segoviano fray Domingo de Soto, en *De justitia et iure libri decem* (1542 [13]) y en los *Commentariorum in Quartum Sententiarum*, publicados en 1557 [14]. Y sentó ciertamente doctrina, por más que, como casi todos los que le siguieron, su razonamiento partiera de Aristóteles como base inconcusa. Pero con matices fundamentales. Aristóteles había dicho que había siervos que lo eran por naturaleza y el dominico no negaba que hubiese, en efecto, unos seres humanos más capacitados que otros y que, por ello, estuvieran llamados aquéllos a gobernar a éstos. Pero el que era señor por naturaleza no podía usar de los siervos como si fueran cosas propias, en su personal beneficio, sino como de hombres libres y sujetos de derecho y buscando su bien, enseñándoles e instruyéndolos en las buenas costumbres y comportamientos. Por lo cual los más rudos no habían de servirles como esclavos, sino teniendo con los superiores cierta consideración (a no ser —advertía— que mediara un salario, o sea, que los señores pagaran a los rudos para que les sirvieran).

---

13. *Vid.* SOTO (1553-1554), lib. IV, quest. 2, art. 2, pp. 279-281. En varios casos —como éste—, no he podido consultar la primera edición de la obra del correspondiente teólogo o jurista. De ahí que, arriba, dé una fecha —la de la primera edición— y en nota, otra, que es la de la edición consultada.

14. *Vid.* SOTO (1572), t. I, dist. 5, quest. cebica, art. 10, p. 270.

En realidad, todos los hombres nacían naturalmente libres —como había dicho el propio Aristóteles—; la servidumbre era contraria a la naturaleza. Pero esto quería decir que era contraria *a la primera intención de la naturaleza,* en la cual se había dispuesto que todos los hombres se comportaran racionalmente, advertía fray Domingo de Soto, adecuando la afirmación aristotélica al dogma cristiano. La servidumbre natural no se había dado, en efecto, en el estado de inocencia, por la sencilla razón de que, en ese estado, no había rudos ni ignorantes. Fue al fallar la primera intención como consecuencia del pecado cuando se siguieron castigos conformes con la naturaleza lesionada. Y entre ellos se encontraba la servidumbre [15].

Esto por lo que hacía a la servidumbre *natural,* que era distinta de la que Aristóteles denominaba servidumbre *legal.* Y es que, aparte —seguía Soto— del propio pecado original, se derivaban la necesidad (traducida en pobreza) y las guerras, que eran las que llevaban al hombre a la esclavitud *legal.* El desorden que había introducido el pecado en la naturaleza podía y debía ser corregido por los hombres en la medida de lo posible. Podían hacerlo incluso por medio de coacción (que correspondía por excelencia a la autoridad), es decir, por medio de leyes, y eso es lo que era el *derecho de gentes,* que era el que señalaba las causas según las cuales la servidumbre era lícita.

---

15. Lo mismo concluía el jesuita Fernando Rebello en 1608.

Lo que ocurría según el segoviano es que no estaba nada claro que, en el África negra, se dieran esas circunstancias. Y, si no se daban, ni los que capturaban a los negros, ni quienes los compraban, ni quienes los poseían —si sabían que habían sido hechos esclavos de forma ilícita— podían retenerlos como tales, y eso aunque no pudieran recuperar el dinero pagado por ellos.

Por cierto que no había más circunstancias que ésas: las contempladas en el derecho en vigor. No era lícito hacer esclavo a nadie —como algunos creían, hablando de los negros— alegando que se les destinaba a una vida mejor que la que traían siendo libres y que, además y sobre todo, se les cristianaba. En este punto, el dominico era terminante, como sería la mayoría de los que le siguieron al detenerse en este extremo: es una vulgar excusa —afirmaba explícitamente— la que alegan algunos que capturan negros por la fuerza y afirman que, aunque los reducen a esclavitud, es mayor el beneficio que les aportan, pues los hacen cristianos. Hay que responderles que, si una de las condiciones esenciales de la fe es que a nadie se le puede obligar a aceptarla, la misma razón impone que ninguna coacción sea medio lícito para persuadirlos.

Los primeros «radicales»:
de Las Casas a Frías de Albornoz

Al dominico fray Domingo de Soto siguió el ahora dominico fray Bartolomé de Las Casas, que había comenzado en 1552 a dar la forma definitiva a la *Historia de las Indias* (que, sin embargo, no terminó ni pudo publicar), donde se desdecía expresamente de su anterior postura sobre la esclavitud de los negros, amén de recordar —y condenar— cómo tenía lugar el tráfico negrero:

> «no eran sino guerras crueles, matanzas, captiverios, totales destruiciones y anihilaciones de muchos pueblos de gentes seguras en sus casas y pacíficas, cierta damnación de muchas ánimas que eternalmente perecían sin remedio, que nunca los impugnaron, ni les hicieron injuria, ni guerra, nunca injuriaron ni perjudicaron a la fe ni jamás impedirla pensaron y aquellas tierras tenían con buena fe porque ellos nunca nos despojaron, ni quizá ningunos de sus predecesores, pues tanto distantes vivían de los moros que por acá nos fatigan, porque confines son de Etiopía, y de aquellas tierras no hay escritura ni memoria que las gentes que las poseen las usurparon a la Iglesia» [16].

Repetía lo que decía Soto sobre la libertad religiosa:

> «ésta es la ceguedad [...] que ha caído en los cristianos mundanos, creer que, por ser infieles los no baptizados, luego les es lícito salteallos, roballos, captivallos y matallos; ciertamente, aunque aquéllos sean moros, no los habían de captivar, ni robar, ni saltear, pues no eran de los que por las partes de

---

16. LAS CASAS (1989), p. 255. *Vid.* LAS CASAS (1957), núm. 95, pp. 85-86, y núm. 96, p. 417.

la Berbería y Levante infestan y hacen daño a la cristiandad, y eran otras gentes éstas, diferentes de aquéllas, en Provincias y en condición muy distantes; y bastaba no tener nuestras tierras, como no lo eran las de Etiopía, ni hacernos la guerra, ni serles posible hacerla, ni sernos en cargo de otra manera, para ser aquellos portogueses, de necesidad de salvarse, obligados a no guerrearlos, ni salteallos, ni hacelles daño alguno, sino tractar con ellos pacíficamente, dándoles ejemplo de cristiandad, para que desde luego que vían aquellos hombres con título de cristianos, amasen la religión cristiana y a Jesucristo, que es en ella adorado, y no darles causa con obras de sí mismas tan malas, hechas contra quien no se las había merecido, que aborreciesen a Cristo y a sus cultores, con razonable causa» [17].

Recuérdese que, para aquellas gentes, del Níger hacia el sur, todo era *Etiopía,* y *África,* del Níger hacia el norte.

En suma —concluía Las Casas—:

«... de cien mil no se cree ser diez legítimamente hechos esclavos [...]. Porque, como ven los negros que los portogueses tanta ansia tienen por esclavos, por cudicia de lo que por ellos les dan, como también carezcan de fe y temor de Dios, cuantos pueden roban y captivan, como quiera que sea, y sus mismos debdos no perdonan, y así no es otra cosa sino aprobarles sus tiranías y maldades y guerras injustas que por esto unos a otras hacen» [18].

17. *Ibidem*, pp. 235-236.
18. *Ibidem*, p. 267.

Y, por más que dijera Vitoria —a quien no mencionaba—, claro es que había culpa en los príncipes que toleraban que sus súbditos actuaran así, empezando —aquí sí, expresamente— por el infante don Enrique el Navegante, que era quien había impulsado en el siglo XV la presencia portuguesa en las costas del África negra y el consiguiente tráfico de siervos:

«... que el tuviese culpa y fuese reo de todo ello, está claro, porque él les enviaba y mandaba [a los navegantes de Portugal] y, llevando parte de la ganancia y haciendo mercedes a los que traían las semejantes cabalgadas, todo lo aprobaba, y no cumplía con decir que no hiciesen daño, porque esto era escarnio»[19].

Ciertamente, la exposición de fray Bartolomé carecía de la sistemática y el rigor que tenía la de Soto. Pero no de la contundencia.

Que, como se ve, los teólogos españoles apuntaran contra los mercaderes portugueses se debía únicamente a que eran éstos —entonces— quienes encauzaban el tráfico hacia España y América. Por aquellos días, por otra parte, el problema se había planteado en el propio Portugal. Lo haría suyo el sacerdote Fernando Oliveyra en el *Arte da guerra do mar*, de 1555. Su libro fue, en rigor, un manual sobre todo técnico, donde incluso se descendía a precisar en qué época del año convenía cortar los árboles para construir los barcos. Mas, en las pri-

---

19. *Ibidem*, p. 246.

meras páginas, con rigor escolástico, el autor comenzaba por decir qué cosa era la guerra, cuándo era justo hacerla y, enseguida, qué se podía hacer con los vencidos. Y era aquí donde se planteaba el problema de los *moros, judíos y gentíos* a quienes se cautivaba.

Oliveyra era muy consciente de la responsabilidad especial que correspondía a algunos portugueses: «*Nos somos os inventores de tam mao trato, nunca usado nê ouvido antre humanos*», decía honradamente, al tiempo en que dejaba claro su enfrentamiento al tráfico de negros [20].

Por lo demás, el paso siguiente —corto, pero de nuevo contundente— lo dio en 1560 otro dominico aún, fray Alonso de Montúfar, arzobispo de México, al escribir a Felipe II una carta tremenda, donde advertía que el aspecto moral de la licitud de la esclavitud de los negros se discutía abierta y seriamente en la Nueva España, y se veía en ello una injusticia que contrastaba con la libertad que se reconocía a los indios.

El texto es largo, pero vale la pena transcribirlo aquí:

«Sacra Católica Real Majestad.

»Como los prelados que Vuestra Majestad a estas partes envía, tengamos más obligación que los demás a mirar por lo que conviene al servicio de Dios Nuestro Señor y descargo de vuestra real con-

---

20. *Vid.* OLIVEYRA (1555), XIII-XIV. En el prólogo (sin paginación) dice el autor que es sacerdote.

ciencia y nuestras, ofréscese un caso muy escrupuloso y por muchas personas doctas tenido por peligroso, y es que en esta tierra Vuestra Majestad ha proveído cristianísimamente por muchas sus reales cédulas cómo los indios naturales deste Nuevo Mundo gocen de la libertad que gozan y usan los que están debajo del santo baptismo y ansí por Vuestra Majestad está proveído y cumplido en todas estas partes que los indios que eran captivos fuesen puestos en libertad y ansí lo están, de lo cual no pequeña corona Vuestra Majestad terná en la gloria y vuestros padres y agüelos de buena memoria, porque ansí lo ordenaron y proveyeron; y muy contrario a tan justa y católica provisión pasa en estas partes con los negros, y es que vienen barcadas de todas partes de Guinea y de las conquistas de Portugal y se tiene por contratación comprar negros allá para traerlos a vender acá, que no es la menor granjería de estas partes.

»No sabemos qué causa haya para que los negros sean captivos más que los indios, pues ellos, según dicen, de buena voluntad reciben el Santo Evangelio, y no hacen guerra a los cristianos, ni [en] ellos, a lo que comúnmente se dice, concurren causas de los que los santos y católicos doctores ponen por donde deban ser captivos, ni paresce que basta por causa las guerras que unos negros traen con otros, porque la recuesta grande que hay de esta contratación y de irlos a comprar a sus tierras es ocasión o causa para que las guerras más aviven entre ellos con codicia del interés de los rescates, ni parece que escusa, no habiendo otra causa más justa, los beneficios espirituales y corporales que los dichos negros resciben en el dicho captiverio de los cristianos, especialmente en el dicho captiverio les susceden muchas veces o comúnmente muy grandes daños para su salvación, casándose acá los que dejaron vivas sus naturales y legítimas mujeres y maridos en sus tierras y llevando a una tierra los maridos y a otras sus primeras mujeres, do se convierte y los casan con otros, o viviendo como comúnmente viven amancebados, sin poderles dar remedio los prelados, ni aun sus amos, y los tienen en sus casas.

»En negocio tan grave y tan general y tan osado, y en tierras de reyes y príncipes tan cristianísimos y que en todo se rigen y gobiernan con consejos de tantas y tan católicas y celosas letras, dar sentencia y condenarlo por malo [...: faltan palabras] temeridad. Y por tanto, la presente no es para definir causa tan grave, mas de para hacer saber a Vuestra Majestad lo que de hecho pasa, y el escrúpulo que de ello nasce y se trata entre muchas personas de letras y conciencia, suplicando a Vuestra Majestad, si hay causas que el dicho captiverio de los dichos negros escusen y permitan, nos lo mande hacer saber para que depongamos los escrúpulos que de lo susodicho han nacido y nacen y, si de ello se engendrase algún escrúpulo en los de vuestro Real Consejo, mande proveer lo que convenga al servicio de Dios Nuestro Señor y descarguo de vuestra real conciencia y de los de vuestro Real Consejo y placerá a Nuestro Señor que, cesando este captiverio y contratación, como hasta aquí han ido a rescatarles los cuerpos, habrá mas cuidado de llevarles la predicación del Santo Evangelio, con que en sus tierras sean libres en sus cuerpos y más en las ánimas, trayéndolos al conocimiento verdadero de Jesucristo.

»Nuestro Señor Dios la sacra persona de Vuestra Majestad guarde y en mayor estado de reinos y señoríos acreciente, como la Cristiandad lo ha menester y los vasallos de Vuestra Majestad deseamos.

»De México, último de junio de 1560.

»Sacra Católica Real Majestad, besa los reales pies de Vuestra Majestad su muy leal vasallo y humilde capellán

»Fr. A. Archiepiscopus Mexicanus»[21].

El razonamiento propiamente teológico que se había hecho hasta entonces —y que era el de Domingo de Soto— lo renovaría, no obstante, el también dominico fray Tomás de Mercado, en 1569, en *Tratos y contratos de mercaderes y tratantes descididos y determinados,* reeditado y ampliado desde 1571 como *Suma de tratos, y contratos,* para concluir rotundamente que «es y ha sido siempre pública voz y fama que de dos partes [de los negros esclavos] que salen [de África], la una es engañada o tiránicamente captiva, o forzada». En consecuencia, vender y comprar negros en Cabo Verde (que era de los que hablaba el dominico, porque eran, simplemente, los que solían llegar a Sevilla, donde escribía fray Tomás) era lícito y justo de suyo, pero pecador mortal de hecho («y viven en mal estado y gran peligro los mercaderes de gradas que tratan en sacar negros de Cabo Verde»).

Y —para que nadie se engañara— tampoco era lícito adquirir esos negros en la reventa que se hacía en las Indias o en España:

---

21. *Apud* Paso (1939-1942), ix, pp. 53-55. Introduzco puntos y aparte para hacer más fácil la lectura.

«Cuando una persona está infamada que lo que trae de fuera a vender es mal habido, obligados están los vecinos a no mercar cosa, no obstante que muchas veces a vueltas trai[ga] lo que realmente es suyo y posee con buen título, mas aquella mala opinión, supuesto ser bien fundada, no sólo malas lenguas, basta y aun obliga a no tomarle nada, so pena de perder si paresciere su dueño. Los portugueses que tratan en Cabo Verde y traen negros de Sant Tomé de Biafera, Zape y Jolofe, y los mesmos etíopes que los venden están infamados como todos sabemos que muchas veces los han mal y por mal cabo. A cuya causa es menester, los de acá, si no quieren comunicar en el pecado, se sobresean y aparten del contrato y venta. Y tanto más en este género de contratación, cuanto la ropa que se vende es capaz de injuria y violencia, y se les hace gravísima e irrecuperable, pues pierden para siempre su libertad, que no tiene valor ni precio. Aun cualquier otra ropa, con no ser capaz de injuria, siendo irracional, con sólo creer probablemente ser mal habida o ajena, no puede nadie mercarla, sino para sólo volverla a su señor. [...] Cuanto menos converná mercar negros de quien se tiene por cierto que o los más o muchos dellos son mal habidos y peor traídos, sino para ahorrarlos»[22].

Y aun lo apuraría tosca pero radicalmente en 1573, en el *Arte de los contractos,* el doctor talave-

---

22. MERCADO (1569), pp. 63v-68v, y (1571), pp. 101v-156. Se trata en ambos casos del capítulo 14 del libro 2, cuyo texto es igual en las dos ediciones. MORIANS (1682) citaba una obra de Tomás de Mercado que no encuentro: *De contractu nigrorum in Viridi Promontorio,* L. 2, c. 22: *vid.* LÓPEZ GARCÍA (1982), p. 206.

rano don Bartolomé Frías de Albornoz, un laico formado en Osuna que había llegado a ser el primer profesor de *Instituta* (esto es, derecho civil) de la universidad de México.

Albornoz sería el único —de los dichos (incluidos Soto, Las Casas y Tomás de Mercado) y de los por decir, hasta que llegaran los abolicionistas del siglo XVIII— que pondría en duda incluso las causas lícitas de someter a esclavitud que el derecho castellano había tomado de Roma:

> «Quien quisiere ver algunas causas que hay para la justificación de la servidumbre de éstos [los negros], vea las que pone el maestro Mercado en su tratado (puesto que no muestra mucha satisfacción de ellas) y yo me satisfago mucho menos de las que a él le parecen justas que de las que confiesa que no lo son. Las tres más justas que él pone son, los que se hacen esclavos por guerra, la segunda los que por leyes que entre ellos hay se reducen a servidumbre, la tercera cuando en extrema necesidad el padre vende a su hijo para su sustentación. [...] Pues que yo no las entiendo. La primera ni según Aristóteles (que él alega) ni según nadie es justa, y mucho menos según Jesucristo, que trató diferente filosofía que los otros. Aristóteles dice que las cosas tomadas en la guerra son de los que las toman. Esto es muy diferente de hacer esclavos. [...] ¿Pues qué diremos de niños y mujeres que no pudieron tener culpa? ¿Y de los vendidos por hambre? No hallo razón que me convenza a dudar de ello, cuánto más a aprobarlo».

El propio Albornoz vacilaba a la hora de sacar las últimas consecuencias de semejante aserto (que eran las de negar la licitud de la servidumbre en cualquier caso). Pero acaba en ello, aunque fuese subrayando la subjetividad de su conclusión. Se trataba

> «... de quienes los compran [a los negros] de los portugueses que con autoridad de su rey los contratan y públicamente venden, y así acá como allá se pagan derechos de su contratación, como cosa pública y permitida. En cuanto al fuero exterior —concluía— no se puede poner en duda en este contrato que es permitido, pues los reyes lo consienten. En el fuero interior y del ánima también debe de ser bueno, pues que se hace públicamente y no hay quien diga mal de ello ni religioso que lo contradiga (como había para cada indio cuatrocientos defensores que no se hiciesen de ellos esclavos), antes veo que se sirven de ellos y los compran y venden y contratan como todas las demás partes. También esto debe ser bueno, porque lo hace quien nos debe dar ejemplo».

(grave recriminación, en rigor, a las autoridades civiles y eclesiásticas).

> «Aunque no hay quien entienda esta cifra (a lo menos para mí no lo es), que si de parte de estos miserables no ha precedido culpa, para que justamente pierdan su libertad, ningún título público ni particular (por aparente que sea) basta a librar de culpa a quien los tenga en servidumbre usurpada su libertad [...]».

> «Qué sé yo si el esclavo que compro fue justamente cautivado. Porque la presunción siempre está por su libertad. En cuanto ley natural, obligado estoy a favorecer al que injustamente padece y no hacerme cómplice del delincuente. Que pues él no

tiene derecho sobre el que me vende, menos le puedo yo tener por la compra que de él hago»[23].

El problema, en la Compañía de Jesús, y la solución de Molina

Entre los propios dominicos, sin embargo, no estaban las cosas tan claras, según se pudo deducir en 1583 en la *Parte primera del tratado utilísimo y muy general de todos los contratos, cuantos en los negocios humanos se suelen ofrecer,* de fray Francisco García, quien mantenía por lo pronto —como harían todos los que le siguieran, dominicos o no— la validez de las causas de licitud de la servidumbre contempladas por las *Partidas* y, en consecuencia, reducía el pecado grave a la mala fe. No sacaba las consecuencias que habían sacado Soto, Las Casas y Tomás de Mercado de la forma concreta en que eran cautivados los negros:

> «El hombre que, estando esclavo, probablemente se cree ser libre, o probablemente se duda de ello, no se puede comprar ni vender sin pecado, y sin obligación de restituirle a su libertad cuando se supiera ser libre. [...] el que comprare el esclavo creyendo o dudando probablemente ser libre debe poner diligencia en certificarse de la verdad, porque de otra suerte siempre poseería con mala fe».

---

23. Albornoz (1573), lib. III, tít. IV, f. 130-131. Sobre la personalidad de Bartolomé Frías de Albornoz, *Vid.* Soto (1985). Pese a las aclaraciones que aparecen en esta comunicación, sobre su condición laical, se le sigue suponiendo religioso, erróneamente.

«Estas dos conclusiones se han puesto por causa de los negros de Guinea, de los cuales se debe y puede tener probable opinión en general que muchos de ellos no son de derecho cautivos, sino libres [...]. Hase de notar empero, para quietar la conciencia de muchos, que aunque en general y en común sea ésta la fama que se tiene de los negros venidos o traídos de Guinea, pero puede ser en singular que deste o de aquel negro no haya tal fama en particular, y por esto pueda ser que lo compren con buena fe, creyendo que de derecho y con buen título aquél sea esclavo, sin sospechar lo contrario»[24].

La puerta quedaba abierta, así, a una actitud realista y tolerante —que pagarían los negros— y por ella entraron, enseguida, los teólogos jesuitas.

Habían entrado ya por la vía del hecho. Igual que todos los demás religiosos —y los demás hispanos del siglo XVI— tenían la esclavitud como cosa propia de la cultura que compartían y no la veían sino como forma corriente de contar con la fuerza de trabajo de las personas necesarias, que cumplían de esa manera un justo castigo. Cuando se instalaron en América, no dudaron, por tanto, en adquirirlos.

«*A melhor cousa que se podia dar a este Colégio* —escribía en 1558, desde Bahía, el provincial del Brasil, Manuel da Nóbrega— *seria duas dúzias de escravos de Guiné, machos e fêmeas, para fazerem mantimentos em abastança para casa, outros andariam em um barco pescando, e estes podiam*

---

24. *Vid.* GARCÍA (1583), cap. 17, pp. 478-480, 488-492. *Vid.* ORTIZ (1916), p. 107.

vir de mistura com os que El-Rei mandasse para o Engenho, porque muitas vezes manda aquí navios carregados deles»[25].

Ciertamente, el padre Luis de Grâ, que sucedió en 1560 a Nóbrega como provincial, cambió el criterio, se desprendió de los esclavos y prohibió que se adquirieran. Pero no lo hizo por rechazar la esclavitud, sino por el espíritu de pobreza que quería inculcar a los jesuitas mandados al Brasil y que le llevó a desprenderse asimismo de todo lo demás que implicara hacienda [26]. Nóbrega no lo entendía así: o tenían esclavos o habían ellos de abandonar el confesonario y las demás tareas pastorales: «... porque todos confesamos no se poder vivir sin algunos que busquen la leña y agua, y hagan cada día el pan que se come, y otros servitios [sic] que no es possible poderse hacer por los hermanos, máxime siendo tan pocos, que sería necesario dejar las confesiones y todo lo demás», escribió al prepósito general, el español Diego Laynez [27]. Y Laynez le dio la razón, cierto que introduciendo, ahora sí, el aviso de que los esclavos que tuvieran lo fuesen justamente; estaba al tanto, sin duda, de lo que se había empezado a correr, según vimos por otros teólogos, acerca de la injusticia con que se sometía a los negros en África:

---

25. Nóbrega a Torres, 8 de mayo de 1558, *apud* LEITE (1956-1968), II, p. 455.

26. Se desprende de la carta de Nóbrega a Laynez, 12 de junio de 1561, *apud* LEITE (1956-1968), III, pp. 361, 364-365.

27. *Ibidem*, p. 365.

«El tener esclavos para tratar la hacienda de ganados o pescar o para lo demás con que se ha de mantener semejantes casas, no lo tengo por inconveniente con que sean justamente poseídos, lo cual digo porque he entendido que algunos se hacen esclavos injustamente»[28].

Casa con ello el hecho de que, durante el mismo siglo XVI, los jesuitas Gonçalo Leite y Miguel García fueran obligados a regresar de Lusoamérica a Europa por sustentar que era injusto no sólo el cautiverio de los indios, sino también el de los negros africanos[29].

Y es lógico, por tanto, que la solución no fuera la misma cuando se planteó en la propia África. Fue el jesuita portugués Baltasar Barreira, concretamente, quien abordó el problema después de incorporarse a la misión de Angola en 1580 y comprobar los obstáculos materiales que había para sobrevivir, visto que el regio *Padroado* no corría con todos los gastos de los religiosos que pasaban al África. Las soluciones eran tres: vivir de las limosnas, contraer deudas o hacerse autosuficientes. Y optó por lo tercero para quitar problemas, aunque fuera aceptando tener parte en el tráfico esclavista. No es que los jesuitas hicieran esclavos, sino

---

28. A Nóbrega, 16 de diciembre de 1562, *apud* LEITE (1956-1968), III, p. 514.

29. *Vid.* LARA (2000), en nota, que remite a Serafim LEITE: *História da Companhia de Jesus no Brasil*, t. II, Lisboa, Portugalia, 1938, pp. 227-230 y Maria do Rosário PIMENTEL: *Viagem ao fundo das consciências: A escravatura na época moderna*, Lisboa, Ed. Colibri, 1995, pp. 134-139 y 239-241.

que los aceptaban como donación o como forma de pago y los empleaban de la misma manera.

Sus argumentos —los de Barreira— eran dos: primero, que no sabían la procedencia de estos hombres ni, por lo tanto, si su esclavitud era lícita o no. Unos lo eran por ser hijos de esclavos; otros, por ser botín de guerra; y otros más, como castigo a sus delitos, en lugar de la muerte. No había manera de averiguar el origen de la servidumbre de cada cual. Y era necesario vivir.

El caso es que, en 1590, nada más plantearse el problema, el general de la Compañía —Claudio Aquaviva— respondió a Barreira que era mejor optar por la primera solución: depender de las limosnas; prohibió que poseyeran, por tanto, esclavos, y, el mismo año, la decisión fue respaldada por los reunidos en la congregación provincial de Portugal, y fue advertido así a los que trabajaban en las colonias portuguesas. Pero no se hizo caso [30]; eso además de que, en la América española, ya habían comenzado a adquirirse haciendas con esclavos sin el menor remordimiento [31]. Y, enseguida, surgió en la propia Compañía de Jesús el razonamiento que permitió ese género de posesión.

30. *Cfr.* Leitão (1993), pp. 69-75.
31. *Vid.* Konrad (1989), pp. 46 y 49-50 (compra de estancia con esclavos en 1576 y conocimiento expreso del general —Mercurian— en 1578), p. 55 (donaciones con esclavos al menos desde 1583, siendo Aquaviva general), p. 56 (en 1584 se planteó el problema de la desatención espiritual de los esclavos de la hacienda de Santa Lucía, sin bautismo desde hacía dos años, con el agravante de que un esclavo había muerto sin bautizar).

Antes, lo expusieron francamente el teólogo Miguel Palacios en la *Praxis theologica de contractibus et restitutionibus* (1585) y, en 1592 y, de forma sucinta, el oidor de Quito don Francisco de Anuncibay en el *Discurso sobre los negros que se pretenden llevar a la gobernación de Popayán*, escrito con la intención de promover la importación de negros para los yacimientos auríferos encontrados allí. La culpabilidad de adquirir negros que debían ser esclavos concernía a los mercaderes que los compraban en el África, no a los que se los adquirían a éstos ni a los sujetos de las compraventas siguientes, decía Palacios [32]. Eso además de que, según Anuncibay —que volvía implícitamente contra lo ya establecido por Domingo de Soto—, con la esclavitud, *los negros no recibían agravio, porque les era muy útil a los míseros sacarlos de Guinea, de aquel fuego y tiranía y barbarie y brutalidad, donde sin ley ni Dios vivían como brutos salvajes*. No podía haber nada malo en llevarlos a una tierra mejor donde, además, *se conservaran y vivieran en policía y religión, de que conseguirían muchos bienes temporales y, lo que más estimaba, espirituales,* para los que, por cierto, consideraba muy capaz a la *nación de negros*. En esto, *se allegaba al voto de don fray Francisco Ximénez* —de Cisneros, sin duda— *en lo del Reino de Granada* [33]

---

32. Según SÁNCHEZ (1681), t. I, lib. I, cap. 1, dub. 4, n. 11, p. 6, que remitía a él.

33. Lo aclaraba mucho después el agustino Miguel Bartolomé SALÓN (1591), col. 352: Sin duda alguna, los granadinos que se había rebelado por esos días pudieron ser reduci-

y —puesto que se trataba de dedicarlos a sacar oro en las minas de Popayán— repetía lo del jesuita Josefo de Acosta, que «el oro llevó la predicación al occidente y *cum de uno queritur cetera presumuntur habilia*» [34].

A esto último, sin embargo —la ventaja de cristianarlos—, volvió a oponerse de inmediato el agustino Miguel Bartolomé Salón en los *Commentariorum in disputationem de iustitia, quam habet D. Thomas secunda sectione secundae partis suae Summae Theologicae* (1591): Dios quiere que la fe se reciba libremente —insistía Salón—, pero es que, además, lo que recibían esos esclavos no era propiamente la fe y por eso la abandonaban en cuanto podían. Más aún: aunque alguno de ellos la recibiera voluntariamente, no se podía obrar el mal para obtener un buen resultado. No cabía, por tanto, tener como siervos a gentes que hubieran sido

---

dos a esclavitud justísimamente; porque no sólo fueron rebeldes contra el príncipe, sino que apostataron de la fe cristiana; aunque no veía claro que también se pudieran reducir a servidumbre los adultos que no se rebelaron ni los hijos de los que sí lo hicieron.

Asimismo, el dominico Pedro de LEDESMA (1611), pp. 226-227: «La octava dificulta es de los de Granada, si es lícito, o fue lícito venderlos como esclavos. La razón de la duda es porque estos tales eran verdaderos cristianos bautizados. Luego no podían ser esclavos [...]. Los adultos que se rebelaron, con muy buen derecho y con buena conciencia los pudieron hacer esclavos [...]. Digo lo segundo que los niños que no pudieron hacer mal, no parece que hay razón ninguna para hacerlos esclavos».

34. ANUNCIBAY (1963), pp. 201-207.

hechas tales de forma fraudulenta por más que se les convirtiera a la fe cristiana.

Otra cosa era que pudiese hacerse esclavo a aquel a quien había que hacerle la guerra porque pretendía impedir la predicación del Evangelio. Esto sí era lícito [35].

Pero esto y todo lo demás lo desarrollaría detalladamente el jesuita Luis de Molina en el primero de los tres tomos *De iustitia et iure,* que se editó en 1593.

Molina se detenía largamente en el problema de la licitud de la esclavitud negroafricana y lo hacía en términos que iban a tener una trascendencia enorme. Había recabado informes de jesuitas portugueses que misionaban en África, de mercaderes de la misma nación y de otras personas y había llegado a conclusiones trascendentales [36]. Entre los negros de África, explicaba, eran raros los reyes poderosos; el territorio estaba dividido entre muchos reyezuelos, que guerreaban entre sí desde antiguo y sin ninguna razón justa. Muchos de los esclavos que compraban los europeos en aquellas costas tenían ese origen.

Repetía lo que había asegurado fray Bartolomé de Las Casas: que se decía que, cuando llegaban naves portuguesas a los puertos o ríos africanos, los negros se esforzaban en lograr más cautivos —ne-

---

35. SALÓN (1591), t. I, *Tractatus de dominio rerum,* quaest. 3, art. 1, cols. 351-352.

36. Lo que sigue, en MATEOS (1960), GARCÍA AÑOVEROS (2000b) y MOLINA (1615), t. I, tract. II, disp. 32-36.

gros como ellos— con el fin de venderlos. Pero es que, además, entre los propios africanos —añadía de su propia cosecha—, conviviendo con ellos, residían algunos portugueses que recibían el nombre de *tangosmaos* en la Guinea superior y *pomberos* en la inferior y que se dedicaban al comercio. Al arribar los barcos portugueses, tangosmaos y pomberos tomaban mercaderías y se internaban en territorio africano hasta llegar a los mercados y plazas donde podían cambiarlas por esclavos, que luego llevaban atados hasta los barcos y revendían a los mercaderes portugueses.

De la legitimidad de la servidumbre de los capturados en guerra —advertía el propio Molina—, claro está que no había duda cuando se trataba de botín resultante de ataques como los que hicieron algunas tribus africanas contra los portugueses instalados en aquellas costas (concretamente, las guerras mantenidas con los reyes de Angola y Monopotamia, recordará el también jesuita Rebello en 1608). Pero, en todos los demás casos —continuaba Molina—, se debía presuponer que la mayoría de las luchas entre los negros eran injustas; no merecían el nombre de guerras, sino de latrocinios. Y, por tanto, los esclavos que se hacían en ellas no lo eran legítimamente.

En cuanto a las otras causas de servidumbre lícita, los propios negros confesaban que vendían a su mujer o a sus hijos por el capricho de obtener una campanilla u otras mercaderías portuguesas[37].

---

37. El también jesuita Tomás Sánchez rechazaba igualmente este tipo de venta de los hijos antes de 1610, porque,

Y, si lo que se atendía era a la posibilidad de comprar gente que ya era esclava, había que decir que algunos eran condenados a esclavitud perpetua por cosas como robar una gallina. Eso aparte de que a veces se esclavizaba —por el delito de uno— a la esposa, o a los hermanos, o a gente consanguínea, o incluso a parientes lejanos.

Y claro está que esos esclavos no podían ser comprados para mantenerlos como tales. En África —comentaba sin afirmar que fuera justo o no—, se sometía a servidumbre a los reos de adulterio o de violación. En realidad —concluía, en este caso claramente—, para que la esclavitud por delito fuera lícita, hacía falta que el delincuente hubiera hecho un mal semejante al que en España o Portugal conllevaba la pena de galeras o poco menos [38].

---

frecuentemente, lo hacían los padres por un leve enfado. Y lo repetía el padre Alonso de Sandoval, jesuita asimismo, en 1627, siguiendo claramente a fray Tomás de Mercado: «Al otro título de vender los padres a los hijos en estrema [sic] necesidad, se junta, por su bestialidad, venderlos sin ninguna, y muchas veces por enojo y coraje, por algún sinsabor o desacato que les hacen: y como acá con la furia acaece, decirles: Vete de mi casa, o los echan della, cogen a los miserables muchachos y los llevan a vender a la plaza. Y como el trato es ya tan grande en cualquier parte, hay aparejados portugueses, o los mismos negros para mercarlos. Que también hay ya entre ellos tratantes en este negocio bestial y brutal, que mercan la tierra adentro a sus mismos naturales y los traen a vender a las costas o a las islas más caros»: SANDOVAL (1647), p. 95.

38. Lo mismo —injusticia de las guerras entre los negros, levedad de los delitos castigados con la esclavitud, improcedencia de someter a servidumbre a consanguíneos, hijos o esposas— defendía el también jesuita Rebello en 1608.

Pero los mercaderes portugueses con quienes había hablado no se preocupaban más que de enriquecerse y beneficiarse y se admiraban si alguien quería suscitarles algún escrúpulo; pensaban que lo que hacían era algo honroso porque los negros que compraban iban a alcanzar la fe cristiana y una vida material mucho mejor que la que tenían entre los suyos, desnudos y mal alimentados. (Era, lo recordamos, lo que decía Anuncibay y, por lo visto, había cundido como convicción general).

Sin embargo, no podía hacerse el mal para lograr un bien y los obispos de Cabo Verde y Santo Tomé y las autoridades regias no debían consentirlo. Mejor sería que se enviasen ministros idóneos para predicar el Evangelio en aquellas regiones.

Entonces, ¿era o no lícito comprar esclavos? Siendo como era voz común, como reconocían los propios mercaderes, que entre los negros era relativamente frecuente someter a otros a servidumbre sin razón suficiente, aquéllos —los mercaderes— no podían comprar un siervo sin averiguar antes si era producto de una de esas irregularidades. Y lo mismo cuando se trataba de hijos o esposas de alguien que pudiera haberlos vendido por una causa leve o por mero capricho. En último término, si los mercaderes no querían ponerse a indagar sobre la legitimidad de un esclavo, no podían comprar ninguno en conciencia; cometían pecado grave y se ponían en estado de condenación al comprarlos y, además, si lo hacían, quedaban obligados a llevar a cabo la indagación o a dar la libertad al comprado. Todo esto, a no ser que alguno lo hiciera con ignorancia invencible, en la cual se atrevía Molina a afirmar no se hallaba ningún mercader. Comprar esclavos sobre los que hubiera presunción razonable de que habían sido hechos con título injusto (cosa que sucedía con la mayoría de los que se vendían en el África negra, advertía), era algo que iba no solamente contra la caridad, sino también contra la justicia; era pecado mortal. Y, en cualquier caso, no se podían vender.

Entonces, ¿procedía acabar con la esclavitud oriunda de África? Eso era ya otro cantar. Lo que procedía era averiguar si cada esclavo concreto había sido sometido a servidumbre justa o injustamente. Y aquí venía la cruda realidad: algunos mercaderes aducían que los negros vendedores (porque solían ser negros los que vendían a los negros) se negaban a dar razón de la legitimidad de la servidumbre de aquellos que ofrecían en venta. Y no había manera de averiguarlo. Los vendedores negros respondían de mala gana a las preguntas que se les hacían, como por lo demás sucedería —y sucedía— si a un vendedor portugués se le interpelaba sobre el título con que había adquirido cualquier otro bien que pretendiera vender.

Algunas veces, ciertamente, los mercaderes sabían que los esclavos que compraban eran producto de captura (robo lo llamaban) llevada a cabo por otro u otros negros y que, por tanto, no eran lícitamente esclavos; pero, según le dijo uno al propio Molina, lo más probable era que, si no los adquirían, los mataran aquellos que los robaron, a fin de que el asunto no se descubriera, no fuera a ser que los castigaran a ellos —a los negros vendedores de los esclavos— por el delito cometido.

Pero esto también era peligroso a veces, según explicó al jesuita conquense otro mercader, y por eso no todos se decidían a comprar esclavos que sabían que eran producto de robo; porque, en algunas partes de África, se les había impuesto como norma, por parte de las autoridades negras, que no comprasen esclavos sino por medio de un intérprete negro, que era quien aseguraba la legitimidad de la condición de esos siervos.

En ese caso, no se podía exigir lo imposible a los mercaderes y, por tanto, el tráfico era lícito si la compra se hacía de buena fe. Era al rey de Portugal —claro está que por medio de sus delegados— y a los obispos, priores y confesores de Cabo Verde y la Guinea a quienes correspondía averiguar la licitud de la compra. Y resultaba que ni el obispo de Cabo Verde ni el de la isla de Santo Tomé, ni los sacerdotes que residían aquí o allí habían expresado ningún escrúpulo por que nadie se confesara de esas cosas. Si el obispo o el gobernador había impuesto algún castigo a los *tangosmaos* o *pomberos* era por no cumplir por Pascua, o por haberse acostado con alguna infiel, o por haber cometido algún otro exceso. Pero no por haber tomado parte en aquel comercio. Y no podía ser así. El rey y todos los gobernantes —aseveraba el jesuita—, así como los obispos de Cabo Verde y Santo Tomé y todos los que escuchaban confesiones de los mercaderes de esclavos, cada uno de ellos en su grado y orden, estaban obligados a cuidar de que ese asunto de la legitimidad de los siervos se examinara y que quedase establecido qué era lo lícito y lo ilícito.

Si había duda sobre la licitud de mantener como siervo a alguien y no era posible averiguar quién, *omnes liberi dimitti debent,* concluía Molina, recordando que todos los indios de América habían sido declarados libres, entre otras cosas, por la presunción que les favorecía [39].

Esto último era lo único, por tanto, que tenía que preocupar al segundo y demás compradores (o sea, a quienes compraban los esclavos a los mercaderes y a los sujetos de las sucesivas reventas): todos los que adquirían de buena fe un esclavo (que eran a su entender todos los propietarios de esclavos por regla general) lo retenían lícitamente. Claro está que, si llegaban a saber que un esclavo concreto había sido sometido a esclavitud de forma injusta, tenían que ponerlo en libertad, sin que pudieran reclamarle su valor. A quien podían reclamárselo era al vendedor. Y claro estaba asimismo que, si alguien llegaba a saber que la mayoría de los siervos que se traían del África habían sido capturados de forma injusta, no podía en conciencia comprarlos a los mercaderes que los traían, pero sí a aquellos —segundos o sucesivos compradores— que los poseían de buena fe; aunque quedaban obligados a hacer la averiguación pertinente. Si no podían enterarse de la verdad —como sucedía ordinariamente—, podían lícitamente retener al esclavo.

---

39. SANDOVAL (1647), p. 101, remite a Solórzano, *De Indiarum iure,* lib. III, c. 7, f. 733, núms. 62-64; Rebellum, *De obligat. iust.,* lib. 1, q. 10, sect. 1, n. 4; también, Molina, *De iustitia & iure,* t. I, disp. 35, f. 267, col. 1, let. D.

Y lo mismo si lo habían comprado directamente a un mercader sin dudar de su legitimidad: podían retenerlo mientras no les constara con certeza que había sido reducido a esclavitud de manera injusta.

La cuestión era clara: los reyes, los obispos, los mercaderes tenían la última palabra. Los demás podían despreocuparse, si no tenían constancia de la injusticia cometida con el esclavo del que eran propietarios.

Sandoval

En 1598, otro dominico, fray Pedro de Ledesma, daba a la imprenta la *Segunda parte de la Summa, en la cual se summa y cifra todo lo moral y casos de consciencia que no pertenecen a los sacramentos, con todas sus dudas con sus razones brevemente expuestas*. Sus aportaciones fueron menores, en comparación con lo que hemos visto hasta aquí. No fue, por cierto, desdeñable el énfasis que puso en el deber de tratar bien a los esclavos:

> «El señor del esclavo no tiene el dominio de la vida y miembros del siervo. Por lo cual no le puede poner con buena conciencia en manifiesto peligro de muerte [...] lo cual suele acontecer en el cavar y sacar tesoros y minerales [...] no pueden con buena conciencia azotarlos ni pringarlos tan gravemente que pierdan el uso de sus miembros o que enfermen gravemente [...] lo cual se dice por algunos cristianos que tratan tales esclavos como si no fueran hom-

bres [...]. Débenles todo lo necesario para sustentar la vida».

Y, sólo en caso de peligro de fuga o de otra causa justa, cabía atarlos con pesadas cadenas o pesos de hierro e incluso marcarlos en la cara —se comprende que con hierro candente—; aunque esto último estaría permitido legalmente hasta 1784, en que lo prohibió Carlos III [40].

Pero la reflexión jesuítica teologicojurídica que hacía al caso continuó en la línea de Molina y así se dejó ver en el *Opus de obligationibus iustitiae, religionis et charitatis* del jesuita portugués Fernando Rebello (1608), que fue el siguiente eslabón doctrinal sobre la esclavitud de los negros y que insistía en que no obraban mal quienes adquirían esclavos cuya legitimidad hubiera sido examinada y comprobada por mandato del rey, que era quien tenía que hacerlo. Esta conclusión —apostillaba— estaba admitida por todos los maestros de esta Provincia de la Compañía de Jesús y debía ser aceptada por todos [41].

Otro jesuita, Tomás Sánchez, precisaría antes de 1610, cuando murió, los términos en que se ex-

---

40. LEDESMA (1611). Lamentablemente, para saber si esta prohibición se cumplió de inmediato, no dicen HUMBOLDT y BONPLAND (1956), I, p. 338, si se refieren a las españolas cuando escriben, a comienzos del siglo XIX, que «es doloroso pensar que hoy mismo existen en las Antillas colonos europeos que marcan sus esclavos con un hierro enrojecido, para reconocerlos cuando se fugan».

41. *Vid.* REBELLO (1603), lib. I, quest. 2, 7 y 9-14.

presaba Molina[42], y eso en los mismos días[43] en que se reunía en Portugal una *mesa de conciencia* (una comisión oficial) en la que se concluía que la esclavitud africana era lícita. Sentada la culpabilidad de los mercaderes, Sánchez matizaba la doctrina de Molina, que eximía al segundo y demás compradores si actuaban de buena fe, afirmando que el segundo comprador —o sea, el primero que compraba un esclavo a un mercader que lo hubiera adquirido en África— aún tenía que averiguar si aquél había sido cautivado justamente. Los que no tenían obligación de hacerlo eran los que adquiriesen sucesivamente a ese esclavo, entre otras cosas porque les sería imposible averiguarlo.

Pero fue el también jesuita Alonso de Sandoval quien dedicó al asunto, por fin, todo un tratado: *Naturaleza, policía sagrada, profana, costumbres i ritos, disciplina y catechismo evangélico de todos los etíopes,* impreso en 1627 y titulado *De instauranda aethiopum salute* desde la segunda edición, que se imprimió en 1647. Sandoval no obviaba el tema de si era lícita la esclavitud, sino que,

«... porque este negocio ha sido y es arduo y dificultoso y sobre él ha habido entre los doctores gran controversia, cerca de la justificación de su cautiverio, me ha parecido (si bien por mucho tiempo

---

42. *Vid.* SÁNCHEZ (1681), t. I, lib. I, cap. 1, dub. 4. La primera edición de los *Consilia* debió de hacerse en 1625; fue en todo caso póstuma.

43. Antes del 21 de agosto de 1611: *vid.* TARDIEU (1993), p. 96.

me trajo perplejo si le pasaría en silencio) tratarlo con la mayor claridad y distinción a mí posible, ayudándome de la experiencia de más de treinta y ocho años, que es madre de buenos aciertos de todo género. Verdad sea —añadía no obstante— que dejaré la determinación de su justificación a los doctores, que tan docta y acertadamente han escrito cerca de este punto»[44].

Testimonio de un celo sin límites por el alma y el cuerpo de los negros, el fondo doctrinal decía ser el de *nuestro doctísimo Molina,* «a cuya imitación, y de los Santos que he citado, me he habido yo en mis escritos»[45]. Pero no era del todo así: manteniendo la doctrina de aquél, Sandoval subrayaba la probabilidad de que los esclavos negros lo fueran lícitamente.

Para empezar, se limitaba a hacer suyas las causas de licitud de la esclavitud recogidas en las *Partidas* y comentadas e incluso matizadas por los demás teólogos, sin plantearse desde luego la crítica de Frías de Albornoz, el único que se había atrevido a negarlas. El jesuita insistía, sí, en que todo ser humano propendía por naturaleza a la libertad y que las excepciones al régimen general de libertad derivaban, en definitiva, de la propia defensa de la libertad: para defenderla, se amenazaba con la esclavitud a aquellos que intentaran conculcar esa libertad[46].

---

44. SANDOVAL (1647), p. 74.
45. *Ibidem,* s.f. («Prólogo al lector», núm. 6).
46. «... por conservarla [la libertad] en el cuerpo, como la tenían en el alma, aventuraban [los gentiles] sus vidas, no te-

De forma que, a la postre, la conclusión parecía ser la misma que la que habían alcanzado fray Domingo de Soto y quienes le siguieron: los teólogos,

> «... dicen que la servidumbre es contra la permisión del derecho natural: pero no es contra sus prohibiciones o leyes: y que las permisiones naturales las ha podido derogar el derecho de gentes, como se ve en muchos casos. Llaman a la libertad permisión natural: porque la naturaleza a todos los permite libres, y a ninguno obliga al servicio del otro: pero no la llaman precepto natural: porque nunca la naturaleza mandó que fuesen libres los hombres: y así dio lugar a que los derechos humanos introdujesen la servidumbre, sin contradecirlas, como tampoco repartió los dominios de las cosas, que dividió el derecho de gentes»[47].

> «La razón que dan estos doctores [que cita] para probar ser la esclavitud lícita parece clara y fuerte. Si los hombres es justo que pierdan por sus delitos la vida, [¿]cómo no será justo que por éstos o otros pierdan la libertad, que es de menor valor y estima? Y si los vencedores tal vez pueden a los vencidos sin pecar quitar la vida, mejor podrán quitarles la libertad y hacerles gracia de la vida, pues no hay duda, sino que los vencidos huelgan de ser antes es-

niendo por menor miseria perder la libertad, que la vida: y así castigaron las leyes a los culpados, en que perdiesen algunas veces la libertad, como en quitarles la vida; ley en que concurrieron todas las naciones que usaron de alguna policía, pareciéndoles que con el temor de no perder la libertad, evitarían los hombres las guerras y se conservarían en paz»: *ibidem*, p. 83.

47. *Ibidem*, p. 84.

clavos que muertos. [...] Lo cual se ha de entender cuando la guerra fuere justa, porque en la injusta no puede haber señorío sobre el vencido, ni el vencedor le puede adquirir: porque el injusto y mal título no se le puede dar, por lo cual no se podrá ese tal llamar señor, sino tirano»[48].

Visto así, la sumisión a servidumbre podía incluso contemplarse como un beneficio, puesto que reemplazaba a la muerte. (Por eso —explicaría Solórzano en *De Indiarum iure,* en 1629— se les llamaba *siervos:* no porque *sirvieran* a sus señores, sino porque eran *conservados* por ellos).

El problema es que, como ya sabemos y Sandoval ilustraba con profusión de datos, en el África negra no se respetaban las causas que hacían lícita la servidumbre:

> «Al título de castigar los príncipes y jueces sus vasallos, privándolos de su libertad por sus deméritos y delitos, se mezcla que enojándose con algunos dellos, o en haciéndole algún sinsabor al rey, como entre nosotros le echan de la Corte o pierde la privanza y favor, allá procuran de que pierdan la libertad, haciéndolos esclavos a él y a toda su familia, prendiéndolos con dos mil engaños y testimonios falsos. Otros los envían por caminos breñosos, bosques y montañas, do tienen ya puestos en celada sus privados y criados, adonde sin poderse defender los cautivan y dan con ellos en algún puerto, donde se despachan los tristes, sin que por ventura lo sepan en sus casas»[49].

48. *Ibidem,* p. 85.
49. *Ibidem,* p. 95.

Pero la prohibición de comprar esclavos a los negros concernía sólo a los mercaderes, no a los que los adquirían de reventa, aunque fuera en los puertos de Cabo Verde e incluso en los de la isla de Santo Tomé y Loanda, en Angola: «... como los compran allí de tercero, cuarto o más poseedor, no forma*n* escrúpulo, como ni los co*m*pradores acá en nuestros puertos»[50].

Al preparar la segunda edición de su obra —la de 1647—, en uno de los ejemplares de la primera que usaba para ello, el jesuita encontró una anotación puesta al margen por uno de los doctores más graves y doctos de la universidad de Lima —no nos dice su nombre—, que expresaba su desacuerdo: «Pues, si no se mira ni examina la intrínseca y radical injusticia, [¿]qué tenemos para asegurar la conciencia?», se preguntaba el autor de la anotación. «[A] Quie*n* anda en busca del humo no le faltarán lágrimas en los ojos y amargura en el corazón».

Pero a Sandoval le bastaba alegar que *doctores tenía la Iglesia y ya se había referido a parte de ellos,* a quienes se remitía por tanto[51].

«... nosotros y los padres [jesuitas] del Brasil —reconocía de forma paladina— compramos estos esclavos para nuestro servicio sin escrúpulo ninguno. Y digo más, que cuando alguien podía escusar [*sic*] de tener escrúpulos, son los moradores de esas partes, porque como los mercaderes que llevan es-

---

50. *Ibidem*, p. 99.
51. *Ibidem*.

tos negros los llevan con buena fe, muy bien pueden comprar a tales mercaderes sin escrúpulo ninguno, y ellos los pueden vender: porque es común opinión que el poseedor de la cosa con buena fe, la puede vender y se le puede comprar»[52].

Era consciente Sandoval de que esto implicaba adquirir esclavos que no debían serlo. Pero aquí se imponía el realismo evangelizador:

> «... no son muchos —se atrevía a asegurar—, y buscar entre diez o doce mil negros que cada año salen de este puerto [de Loango, en Angola], algunos mal cautivos, es cosa imposible por más diligencias que se hagan. Y perderse tantas almas que de aquí salen, de las cuales muchas se salvan, por algunos mal cautivos, sin saber cuáles son, puede no ser tanto servicio de Dios por ser pocas, y las que se salvan ser muchas y bien cautivas»[53].

Bien sabía, no obstante, que no todos pensaban así. Era precisamente en ese punto en el que se había mostrado más exigente el maestro Molina. Pero Alonso de Sandoval se inclinaba por la opinión del padre Luis Brandaon, rector del colegio jesuítico de San Pablo de Loanda, que le había hecho ver en 1611 que los indios tenían por sí la presunción de ser libres, en tanto que los negros carecían de ella,

> «... porque lo más común y corriente es ser esclavos y venderse por tales. La cual extrínseca presumpción —aseguraba Sandoval— es bastante pa-

---

52. *Ibidem*, p. 100.
53. *Ibidem*, p. 101.

ra escusar [*sic*] y quitar el escrúpulo a los armadores y mercaderes, respecto de la duda personal, esto es, cuando no solamente se duda si algunos sean bien esclavos o no, sino también cuáles puedan ser o cuántos»[54].

Otra cosa es que constase a ciencia cierta la ilicitud de la esclavitud de unos hombres concretos. En ese caso, no era lícito comprarlos, tampoco en reventa:

«... es doctrina tan cierta y averiguada o ley natural ésta de no permitir esclavitud con injusticia, que las mismas leyes civiles, que suelen permitir o disimular algunos abusos que sólo Dios los puede estirpar [*sic*], no disimulan éste; antes mandan que, cuando constare la violencia o engaño que se les ha hecho, se les restituya perfectamente su libertad»[55].

La condena bíblica del hijo de Noé y de todos sus descendientes

En lo de aceptar la predisposición de los negros a ser esclavos, a Sandoval le podía su propia sabiduría enciclopédica. Ya había advertido el agustino fray Miguel Bartolomé Salón en 1591 —sin asumirlo ni rechazarlo— que algunos interpretaban como relato del origen de la servidumbre el capítulo 9 del Génesis y, concretamente, la maldición que recayó sobre Canaán, hijo de Cam y nieto

---

54. *Ibidem.*
55. *Ibidem*, p. 103.

de Noé, por haberse reído Cam de Noé al verlo ebrio. Y de Canaán descenderían egipcios y negros[56]. (Lo cual querría decir algo muy grave, y es que la esclavitud habría sido, así, imposición de Dios y, por tanto, de derecho divino).

A Salón le parecía que no: que las palabras de Noé no insinuaban el destino a la esclavitud y que, en todo caso, no tenían el carácter de precepto, sino el de profecía. Pero, de hecho, otros lo repitieron sin esta precisión. Así, Solórzano y Pereira (1629 [57]), de quien lo tomaría Sandoval, suscribiéndolo, aunque sin olvidar el matiz biológico:

> «... la tez negra en todas estas naciones prietas no provino tan solamente de la maldición que Noé echó a su nieto Chanaan [58] [...] sino también de una calidad predominante, innata e intrínseca, con que crió Dios a Cham, que fue un excesivo calor, para que los hijos que engendrase saliesen con ese tizne, y como marca de que descendían de un hombre que se había de burlar de su padre con tanto atrevimiento; y así dispuso que en la materia seminal de su primogénito Chuz, y no en la de los otros, hubiese tal temperamento de las primeras cualidades»[59].

---

56. Sobre el origen de esta interpretación bíblica, *vid.* BRAUDE (2002), pp. 93-126.
57. SANDOVAL (1647), pp. 18, remite al tomo I, libro I, capítulo 10, núm. 47, de *De iure Indiarum,* de Solórzano, donde éste afirmaba, según aquél, que los negros descendían de Cam «como en castigo de la culpa que cometió en burlarse de la embriaguez y desnudez de su padre» Noé.
58. Cuarto hijo de Cam.
59. SANDOVAL (1647), p. 17 (parte I, libro I, cap. III).

Esto es, que los negros descendían de Chuz, no de Canaán.

Sandoval sabía, no obstante, que Chuz había nacido antes de que Cam se burlara de Noé, de manera que no podía haberlo castigado Dios antes de que su padre cometiera el pecado. Pero a esto aducía que, si bien Dios lo había hecho negro al principio «para la variedad y hermosura que en su naturaleza pretendía, y la que causa en la naturaleza la variedad de los colores en las aves y demás animales», lo hizo con previsión de que aquel color «se convertiría en tizne, y mancha, y como sambenito (digámoslo así) de los negros, por descendientes de tal abuelo»[60].

Ahora bien: «No sólo le acarreó a Cham la ofensa que cometió contra su padre quedar su generación oscura y negra, mas [...] sujeta a cautiverio, comprehendiendo la maldición de su padre a toda su descendencia, condenándola a perpetua servidumbre»[61]. «Y de allí dice también el M. Fr. Pedro de Valderrama, nacieron negros y esclavos, como tiznando Dios a los hijos, por serlo de malos padres»[62]. (Valderrama había sido —murió en 1611— un muy estimado predicador agustino, autor de sermonarios y ejercicios espirituales).

Lo peor era que los negros no sólo habían heredado de Cam el color que legó a sus hijos, sino además su afición a la hechicería.

60. *Ibidem*, p. 18-19.
61. *Ibidem*, p. 21.
62. *Ibidem*. Remite al sermón de Valderrama en la beatificación de san Ignacio.

«Refiere pues el Abad Sereno —prosigue Sandoval— que antes de la ruina del mundo por el diluvio comunicó nuestro padre Adán a su hijo Seth las ciencias y artes liberales, enseñándole cosas muy secretas de la filosofía natural, propiedades de yerbas y animales, y demás criaturas, para efectos maravillosos. Y que cuando volvieron las espaldas a Dios los hombres, entregándose a sus vicios y abominaciones, usaron mal destas buenas artes, y dieron oídos al Doctor de la falsedad y mentira, que es el demonio, con que la perversa generación y descendencia de Caín conservó este abuso y se dio al Arte Mágica, a los agüeros y hechicerías, como a otros vicios y pecados. De adonde Cham, como tan perverso y tan malo, se inclinó con facilidad a estas malas artes, y salió con ellas, no sólo eminente y aventajado, sino tan ansioso de conservarlas y enseñarlas a su posteridad y descendencia, que no atreviéndose a llevar sus libros consigo al Arca con su santo padre y hermanos; dicen antiguas tradiciones que en varias láminas de metal, a quien no empece el agua, y en otras de piedra guijarreña durísima, que resiste al fuego, grabó y esculpió los caracteres y preceptos desta arte diabólica, y las puso en lugar señalado, hasta que pasase el diluvio. Después del cual, con la misma solicitud y curiosidad con que las había guardado, las buscó y halló. Hasta aquí el Abad Sereno. Según lo cual, no sin razón y fundamento podemos decir que el etíope Cham fue el inventor del Arte Mágica»[63].

Es curioso que, al mismo tiempo, el jesuita hacía suyo el ya viejo populismo cristiano: «... al

---

63. *Ibidem*, p. 25.

principio del mundo no pobló Dios nuestro Señor la tierra de señores y esclavos, ni se conoció entre los primeros vecinos dél», afirmaba. «Y no ignoramos que hubo muchas Repúblicas que no quisieron consentir reyes que las gobernasen, pareciendo que era un género de opresión y servidumbre sufrir aquel supremo señorío». «Porque los grandes y pequeños todos tenemos un principio y hemos de tener un fin»[64].

Pero advertía:

> «No quiero condenar en lo que digo la diferencia de estados, que ésta es fuerza que la haya en la República, como en un cuerpo diferentes partes [...]. Lo que condeno es que no se contente el amo con la desigualdad que el estado trae consigo, sino que a esto añada todo lo que le pide su antojo. Es verdad que los pies en el cuerpo son pies, y los ojos ojos, pero para andar tan importantes son los pies como para ver los ojos, y no porque son pies tomáis un alfanje y los cortáis, ni los maltratáis, sino que procuráis abrigarlos y lavarlos y limpiarlos.
>
> »Lo mismo habéis de hacer con vuestros esclavos y siervos, pues verdaderamente son vuestros pies, y de tanta estimación, en orden a vuestro servicio, descanso, honra y hacienda, como son en vuestro cuerpo los vuestros»[65].

«Pero, supuesto que hay señores y esclavos, es fuerza que haya entre ellos mucha desigualdad, pero con tal calidad, que se siga el orden que hemos

---

64. *Ibidem*, p. 74-75.
65. *Ibidem*, p. 75.

apuntado. Por lo cual de una manera han de ser amonestados los siervos y de otra los señores. Aquéllos, que miren siempre que nacieron para servir: y éstos, que no se les olvide que son de la misma naturaleza que sus siervos»[66].

La intervención de los capuchinos

En adelante, los argumentos de Sandoval y de Molina se repitieron con mejor o peor fortuna: sucesivamente por obra del jurista Hevia Bolaños, que remitía sin más a Molina en la *Curia philipica*, en 1603[67]; del italiano Antonino Diana en la *Resolutionum moralium pars prima et seconda* (1629), que hacía lo mismo[68]; del portugués Agustín Bar-

---

66. *Ibidem*, p. 76.

67. «... el cual [Molina], en conformidad de ellos [los títulos de la servidumbre de esclavos], trae cuándo los esclavos del comercio de Portugal lo son lícitamente o no; sobre lo cual se note que no basta a uno poseer el siervo como tal, o decir que así poseyéndele se le huyó, si él negare serlo, para que sea suficiente posesión de él y se le entregue, sino es que muestre el título por que le tiene por siervo, como de venta o donación, que como tal le fue hecha»: Hevia (1771), t. 2, l. 1, c. 12, núm. 2, f. 307-308.

68. *Vid.* López García (1982), p. 64. Habla de sendas reediciones —con título distinto— de 1636 y 1656 (en vida de Diana, que falleció en 1663) y de 1667. En realidad, al menos los de Diana (1632, 1675) son libros distintos y en el primero (que es la tercera edición —única que he podido consultar— de la *Resolutionum moralium pars prima et secunda*— no habla de los esclavos, en tanto que en el segundo —*Practicae resolutiones...*—, al hablar de los siervos, se limita a resumir

bosa —sacerdote secular, luego obispo— en *Pastoralis sollicitudinis sive de officio et potestate episcopi tripartita descripta* (1628), donde también remitía a Molina y Rebello para condenar lo que hacían sus compatriotas mercaderes[69]; del también portugués Baptista Fragoso, que seguía a Rebello de cerca en su obra póstuma —había muerto en 1639— sobre el *Regimen reipublicae christianae* (1641)[70].

En 1639 mismo, el papa Urbano VIII dirigió una carta al colector de los derechos de la Cámara Apostólica en Portugal en la que amenazaba de excomunión a cuantos sometieran a servidumbre, vendieran, permutaran o donaran —aunque no fueran cristianos— a *los indios occidentales y meridionales,* expresión que ya había empleado en 1537 Paulo III (a quien remitía expresamente Urbano VIII) y que había sido interpretada como referida tan sólo a los *indios* de América. La carta de Urbano VIII pudo ser entendida, por tanto, de la misma manera, por más que otros —según vamos a ver— la interpretaran como atinente también a los negros, acaso porque el papa comenzaba por advertir que la caridad que le movía no podía ce-

---

lacónicamente lo que dicen los diversos autores, Molina principalmente. No añade nada propio, si no es la apretada síntesis: *vid.* DIANA (1675), pp. 695-700 (*Servus sive Mancipium*).

69. *Vid.* BARBOSA (1634), parte I, tít. III, cap. 2, n. 37, p. 125. En ALDEA (1972), voz «Barbosa, Agustín», se fecha la *De officio et potestate episcopi tripartita descriptio* en 1623.

70. *Vid.* FRAGOSO (1641), t. III, pars III, lib. X, disp. XXII.

ñirse sólo a los cristianos, sino también a los que vivían en las tinieblas de la superstición[71].

De hecho, no cambió ni la línea argumental de los teólogos y juristas ni tampoco la de los comerciantes. Respecto a éstos, baste decir que, en 1662, cuando quiso argüir a favor del asiento de negros que proponían a la Corona de España los genoveses Domingo Grillo y Ambrosio Lomelin (y el que arguyó fue probablemente un dominico, fray Juan de Castro), lo que se adujo fue que la experiencia de tantos años demostraba *la importante necesidad* de llevar africanos a América como esclavos para que hicieran lo que ni indios ni *españoles* eran capaces de hacer y que, además, ganaban los negros porque eran cristianados[72].

71. Se trata de una carta de 22 de abril de 1639. El texto íntegro latino, en COCQUELINES (1760), VI, pars II, pp. 183-184: el papa Urbano VIII explica en ella que la caridad no le lleva a pensar sólo «*in Christifidelis, set etiam in eos, qui adhuc in ethnicae superstitionis tenebris extra gremium Ecclesiae versantur*». Recuerda la prohibicion de Paulo III, de 1537, de la servidumbre «*Indorum Occidentalium, & Meridionalium*» y dice que, no obstante, siguen dándose esos abusos, por lo que vuelve a sancionar con la excomunión *latae sententiae* «*praedictos Indos in servitutem redigere, vendere, emere, commutare, vel donare*». Líneas antes ha explicado que se refiere «*omnibus Indis tam in Paraquariae, & Brasiliae Provinciis, ac ad flumen de la Plata nuncupati, quam in quibusuis aliis regionibus, & locis in Indis Occidentalis, & Meridionalis existentibus*».

Esta carta de Urbano VIII ha sido interpretada por algunos autores, sin embargo, como una condena de la esclavitud negra.

72. *Vid.* VILAR (1971), pp. 297-299. Sobre el asiento concedido a Grillo y Lomelin, *vid.* VEGA (1984).

En cuanto a los teólogos y juristas, el jesuita portugués Esteban Fagúndez se había sumado a los seguidores de Molina *In praecepta Decalogi*[73], en 1640, y era lo mismo que había hecho el jurisconsulto español Solórzano Pereira en el *De Indiarum iure* (1629) (donde, por remitir, remitía incluso al recentísimo Barbosa[74], que acababa de publicar su obra en 1628) y volvería a hacer —el propio Solórzano— en la *Política indiana* (1647)[75].

Desde Trujillo del Perú, insistiría en este singular «molinismo» el provisor de aquella Diócesis, el limeño don Pedro de la Reina Maldonado, en el *Norte claro del perfecto prelado en su pastoral govbierno,* que, en lo tocante a los esclavos, se extendía principalmente sobre la forma en que debían ser tratados en lo espiritual y en lo corporal, claro está que a favor de los siervos[76]. En cambio, a los argumentos propiamente teológicos y de filosofía política, volvió en 1668 el jesuita Diego de Avendaño, en el primer volumen del *Thesaurus Indicus,* basándose asimismo en Molina y en Sandoval[77].

Pero a Avendaño en especial y a todos los demás en particular —los tolerantes con la esclavitud de los negros— contestarían frontalmente fray Francisco José de Jaca y fray Epifanio de Moirans

73. *Vid.* FAGÚNDEZ (1640), nn. 13-15, pp. 131-132.
74. *Vid.* SOLÓRZANO (1994), pp. 421-423, 427-437, 455, 459.
75. *Vid.* SOLÓRZANO (1972), lib. II, caps. 1 y 7.
76. *Vid.* TARDIEU (1993), pp. 83-88.
77. *Vid.* AVENDAÑO (1668-1686), t. I, tít. IX, cap. 12, §8, nn. 180-205, pp. 324-30.

ya en 1681-1682, y no sin recordar lo que todos al parecer olvidaban, y es que el papa —sin duda entendían que Urbano VIII, aunque no lo citaban— había condenado la esclavitud.

Fueron, en efecto, los capuchinos Jaca —en la *Resolución sobre la libertad de los negros y sus originarios en el estado de paganos y después ya cristianos,* datada en 1681 [78]— y Moirans —en *Servi liberi seu naturalis mancipiorum libertatis justa defensio,* fechado al año siguiente— [79], quienes dieron al asunto de la libertad de los negros el alcance que procedía. El de Jaca dio a conocer primero su opúsculo a unos lectores franciscanos y maestros dominicos y, al decir de Moirans, lo aprobaron en todas sus partes e incluso le animaron a perseverar en ese camino [80]. Pero, si el aragonés fue primero, fue también el más rudo de expresión; en su obra, y sin decirlo, Moirans puso orden a los argumentos de Jaca y, además, añadió una batería de razonamientos propios que dejaron ver que conocía lo que habían escrito los principales teólogos que hemos visto hasta aquí y otros más.

Por cierto que una de las obras principales de las que Moirans se valió, paradójicamente, procedía de la teología jesuítica. En 1616-1620, el francés Valère Regnauld, de la Compañía de Jesús, había publicado una notable *Praxis fori paenitentialis ad directionem confesarii,* de la que se hicieron va-

---

78. *Apud* LÓPEZ GARCÍA (1982), pp. 123-78.
79. *Ibidem,* pp. 179-298.
80. *Cfr.* LÓPEZ GARCÍA (1982), p. 181.

rias ediciones en el siglo XVII[81], alguna de las cuales debió de estudiar Moirans (que fue misionero en las Indias hispanas como súbdito de Su Majestad Católica, pero del Franco Condado, que entonces era jurisdicción del rey de España). En la *Praxis*, Regnauld no mencionaba apenas a los siervos; todo su tratado tendía en realidad a desarrollar únicamente criterios generales de comportamiento, sin entrar en casuística. Pero Moirans hizo suyos esos criterios y los aplicó al caso específico de los esclavos negros; de manera que la teología del jesuita Regnauld le sirvió para refutar la teología de Avendaño (1668) y los demás jesuitas que habían abogado por la licitud de la esclavitud africana para el segundo comprador.

LOS ARGUMENTOS DE JACA Y DE MOIRANS

¿En qué medida fueron nuevos los argumentos del aragonés fray Francisco José de Jaca y del español —del Franco Condado— fray Epifanio de Moirans? Como todos, buena parte de su argumentación era la misma que la de los teólogos y juristas que los habían precedido. Pero volvieron

---

81. LÓPEZ GARCÍA (1982), p. 65, menciona su *Praxis fori paenitentialis ad directionem confesarii in usu sacri sui mumeris...* (1616, reed. 1617, 1619, 1620, 1622 y, con el título de *Theologia moralis sive Praxis...,* 1642 y 1653); *Tractatus de officio paenitentis in usu sacramenti paenitentiae* (1618, reed. 1619) y *Compendiaria praxis difficiliorum casuum in administratione sacramenti paenitentiae crebro ooccurentium, in III partes distincta* (1618).

al punto de partida: el de los primeros dominicos, sobre todo fray Domingo de Soto y fray Tomás de Mercado, que habían dejado sentada la ilicitud, sin más, de la esclavitud de los negros y lo llevaron a sus últimas consecuencias.

Para empezar, las razones que exponían los dos capuchinos se basaban en el mismísimo origen: si todos los hombres eran libres por naturaleza —argüía Moirans con especial clarividencia—, la libertad que procedía del derecho natural no podía ser abolida por derecho humano y exigía que no pudiera realizarse nada en perjuicio de ella. Ciertamente, por usar mal de su libertad, Adán la perdió: por el pecado, no sólo se introdujo la muerte temporal, sino también la muerte civil, que era la esclavitud. Pero, así como nadie era condenado a muerte por los hombres sino por el pecado, nadie podía ser condenado a la esclavitud sino por el pecado. Solamente por el pecado se hacían siervos y —añadía Moirans— con autorización de los poderes públicos.

No bastaba, por tanto, que el esclavo hubiera pecado, sino que hacía falta que lo hubiese declarado el príncipe o el juez competente.

Ahora bien, siendo así que, en Cabo Verde y en Guinea, no había reyes (o así lo creía él), sino que cada uno vivía a sus anchas, nadie podía ser esclavo con justo motivo [82].

Si se sabía o se consideraba probable que los esclavos lo fuesen porque se hubieran vendido a sí

---

82. *Cfr.* LÓPEZ GARCÍA (1982), pp. 199-202.

mismos o porque habían sido capturados en guerra justa, y sólo en ese caso, era lícito comprarlos, había advertido don Martín de Azpilcueta [83]. Pero ¿cómo cabía suponer una cosa así cuando todos aseguraban que lo normal era lo contrario?

> «Ni vale el porfiar de los dichos —apostillaba fray Francisco José de Jaca—, diciendo que los tales [negros] en sus familias fraguan dichas guerras, en que unos y otros se prenden, venden y ajenan, porque éste, caso que así sea, no admite razón de guerra justificada, sino de altercado, sedición y perturbación inicua, a todo derecho opuesta. Y, si por esta razón se hubiera de permitir la significada esclavitud en tan desgraciadas criaturas, también habíamos de decir que entre los bandos que en España y otras tierras se suelen fraguar, habían de sujetarse los menos fuertes a los más, con el vilipendio de esclavos (prescindo de la razón de cristianos) lo cual nadie ha imaginado» [84].

---

83. La intervención del Doctor Navarro no es segura. SOLÓRZANO (1994), p. 426, remite concretamente al *Manuoli*, cap. 23, n. 96, de don Martín de Azpilcueta, el Doctor Navarro, como uno de los autores que se planteó estas cosas. Sin embargo, el Navarro no habló en su *Manual de confesores y penitentes* sobre el problema de la esclavitud; por otra parte, ese *Manual* fue progresivamente engrosado después de su muerte y es posible que el tema se incluyera en alguna de las ediciones. Lo que sí aportaba el *Manual* eran los elementos de juicio y los criterios de conducta de carácter general que se podían aplicar al caso de los negros. Es esto, al menos, lo que deduzco después de examinar al propio AZPILCUETA (1554).

84. *Apud* LÓPEZ GARCÍA (1982), p. 128.

Para que hubiera guerra justa, recordaba Moirans que señalaba santo Tomás de Aquino tres condiciones: que la declarase una autoridad con plena soberanía (sin emplear esta palabra, pero sí su significado), que la causa fuese justa y no quedara otro remedio y que la finalidad de la guerra fuera la paz [85]. Y no era eso lo que sucedía en el África negra.

¿Que cabía la buena fe en los compradores de esclavos? «... la ignorancia que les puede competer no es otra que la de Judas vendedor y de los judíos compradores de Cristo Jesús», respondía fray Francisco José de Jaca [86].

Y claro es que eran culpables los monarcas, sus delegados y las autoridades eclesiásticas:

> «... si el Rey, jueces, gobernadores, etc. tales cosas permitieran, en lugar de ser conservadores de las repúblicas fueran los mayores tiranos de ellas —sentenciaba el aragonés—. Y, entonces, no sólo los agresores de tales iniquidades fueran reos de culpa civil y teológica, [...] pero también dichos reyes, jueces, gobernadores, etc.» [87].

En cuanto a los que «raciocinan diciendo que los señores obispos y religiosos (bien podía decir clérigos y pocas religiosas) sin tropiezo ni escrúpulo por tales [esclavos] los tienen y compran, etc., y así *de alguna manera* pueden ser absolutamente esclavos dichos pobres cristianos» (porque

---

85. *Cfr.* LÓPEZ GARCÍA (1982), pp. 220-221.
86. *Apud* LÓPEZ GARCÍA (1982), p. 130.
87. *Ibidem*, p. 149.

el aragonés partía del supuesto de que los negros de África, una vez bautizados, como solían serlo en los puertos de embarque o de llegada, eran fieles católicos que, como tales, no podían ser sometidos a servidumbre), «respondo con conclusión irónica. Luego, ¿de la autoridad pontificia y sacerdotal que tuvieron Anás, Caifás y los sacerdotes escribas y fariseos, se justificará la venta que hizo Judas de Cristo y la compra que hicieron ellos, para lo que después en su Divina Majestad ejecutaron?».

«... no sé cómo se habla con tanta universalidad de estados tan perfectos, pues sé que tales pareceres y prácticos consejos [sobre la licitud de comprar y vender aquellos esclavos] están algunos tan apartados, como cerca de ser bienaventurados por no sentarse en cátedra de tal pestilencia. *Lejos de mí su modo de pensar* (Job 21, 16) y *venturoso el varón que no sigue el consejo de los impíos* (Sal 1, 1)»[88].

Los reyes y los príncipes cristianos que tenían autoridad sobre los Consejos Reales, el Comercio sevillano, la Sociedad parisiense, el Comercio de los ingleses, el de los portugueses principalmente y el de los holandeses, todos los comerciantes, los que transportaban y compraban y vendían esclavos, todos los señores que los poseían, en una palabra —corroboraba Moirans—, eran dignos de muerte por cooperar a las rapiñas y robos de negros de África y a su venta[89].

88. *Ibidem*, p. 173.
89. *Ibidem*, p. 216.

Por tanto, también el segundo y demás compradores:

> «La razón de excusa que me dan y yo no admito —advertía fray Francisco José de Jaca— es que a ellos no les pertenece saber más que el comprarlos, y que allá se las hayan los cargadores, vendedores, etc., y asimismo que allá se las averigüen los holandeses herejes de Jamaica, Curazao y asentistas españoles así de esas tierras como de las más remotas de donde los dichos herejes o asentistas referidos los traen: como si dichas culpas mortales, que unos y otros cometen, no fuesen de participantes»[90].

Según lo cual —corroboraba Moirans—, todos los que compraran, vendieran o poseyeran negros del África como esclavos pecaban contra el derecho natural a no ser que hubieran verificado los títulos de la esclavitud y comprobado que eran justos, sin que, por otra parte, pudiera prevalecer en contrario ninguna costumbre o uso. Todos —subrayaba— los que poseían alguno de los esclavos procedentes de África estaban obligados a manumitirlos so pena de condena eterna. Y no podía olvidarse que la ignorancia —que era lo alegaban algunos— excusaba del hecho, no del derecho[91].

Fray Francisco José de Jaca (que no sólo exigía —so pena de pecado mortal— que los manumitieran, sino que los indemnizaran por los daños) aún usaría otro argumento, un tanto inopinado: to-

---

90. *Ibidem*, p. 132.
91. *Cfr.* LÓPEZ GARCÍA (1982), pp. 204-205.

dos los teólogos de que hablamos, sin excepción, recordaban que no podía hacerse esclavo a un cristiano (se entiende que por otro cristiano). Pero ninguno se había planteado expresamente la pregunta de qué ocurría con el esclavo que se convertía al cristianismo. Ciertamente, si no se lo preguntaban, no era por ignorancia ni falta de penetración, sino porque daban por supuesto que los tales seguían siendo esclavos. (De lo contrario, todos querrían bautizarse). Fray Francisco José de Jaca sí se lo planteó, por el contrario, y no le cupo duda de que se convertía en gente libre, si es que no lo eran de antemano.

La razón era clara: amén del buen acopio que el de Jaca hacía de frases bíblicas con sus correspondientes glosas (incluida la relativa a la carta de Pablo a Filemón, donde entendía que el primero presentaba a Onésimo como manumitido, cuando decía a Filemón que no debía recibirlo como a siervo, sino como a hermano), el aragonés lo explicaba así:

> «Pues ¿quién ignora que el parto sigue el vientre de la madre? *Partus ventrem sequitur* y, por tanto, los hijos se alzan con sus privilegios [los de la madre]. Como, pues, Nuestra Santa Madre [la Iglesia] sea libre, de quien somos engendrados, según afirma el apóstol san Pedro, *como niños recién nacidos* (1 Pe, 2, 2), ¿qué dificultad hay que, hallándonos en sus pechos, de cuya real sangre somos sustentados, habemos de ser todos sus hijos libres, y de toda vileza de esclavitud exentos?»[92].

---

92. *Apud* LÓPEZ GARCÍA (1982), p. 141.

La Santa Madre Iglesia los había engendrado con el bautismo, tuviéralos ahora por libres, en vez de que, entre los propietarios de esclavos, se contasen —precisamente— porción de eclesiásticos.

> «... sólo pregunto a los religiosos (que los seculares, del mundo son, y el mundo los oye): ¿conocían los tales la injusticia de dicha esclavitud, o no? Si no, ¿para qué persuasiones, ruegos e instancias? Y, si la conocían, ¿cómo contra ley natural divina y eclesiástica ajustaron lo religioso con tanta injusticia?»[93].
>
> «Siendo, pues, estos pobres desvalidos [...] tablas rasas que con poca dificultad abrazan lo católico, ¿quién se ha de persuadir los quiere [la Iglesia] tan peculiar como madre de esclavos [...]?»[94].

En cuanto a aquellos argumentos bíblicos que habían recordado el agustino Salón y el jesuita Sandoval —a quienes los capuchinos no mencionaban— según los cuales *los negros eran animales vivientes, como bestias, malditos de Dios, de la raza de Cam, a quien Noé maldijo e hizo esclavos de los hijos de Sem, por lo cual no había necesidad de justificar el título de la servidumbre, ni contra el derecho natural divino o positivo, ni el título de posesión como esclavos, sino que según justa opinión que procedía del Señor Dios, podían ser capturados, hechos siervos y poseídos como*

---

93. *Ibidem*, p. 140.
94. *Ibidem*, p. 142.

esclavos[95], lo mejor que cabía decirles —argüía Moirans— es que desbarraban: incluso con la Biblia en la mano, estaba claro que el maldito no había sido Cam, sino Canaán, y que los descendientes de Canaán, castigados a ser siervos de Israel, eran los heteos, los jebuseos, los amorreos, los gergeseos, los heveos y los araceos, pueblos todos de Palestina, no del occidente de África[96].

En realidad, Moirans partía de antemano de cinco conclusiones, que proponía al principio de su obra. Las tres primeras contenían los preceptos más liberales, que no eran nuevos sin embargo y que (traducidos del latín, que es la lengua en la que escribió) decían así:

> 1. *Nadie puede comprar o vender alguno de los esclavos negros de África, como comúnmente se les llama.*
>
> 2. *Todos los que poseen algunos de ellos están obligados a manumitirlos bajo pena de condenación eterna.*
>
> 3. *Están obligados sus señores a manumitirles, a restituirles sus trabajos y a pagarles indemnización.*

Pero, a partir de ahí, llegaba hasta a aconsejar la huida o, mejor, exigirla:

> 4. *Los negros que habitan en los lugares de las Indias trabajando en propiedades familia-*

---

95. *Cfr.* LÓPEZ GARCÍA (1982), p. 210.
96. *Ibidem*, p. 213.

res, llamadas sucreries *por los franceses o ingenios por los españoles, deben por obligación divina de derecho natural marcharse y buscar territorios en los cuales atiendan a su salvación eterna.*

Y profetizaba además —basado en fuentes bíblicas— la ruina de los príncipes y dignidades eclesiásticas que permitían ese tráfico:

5. *Debido a la injusticia inferida a los negros trasladados de sus tierras y transportados a las Indias, huirán de sus territorios los príncipes cristianos y los perderán, y los obispos y clérigos también emigrarán de esas tierras y atravesarán los mares huyendo; y los cristianos serán hechos cautivos y esclavos*[97].

[...] tanto los príncipes eclesiásticos, es decir la Iglesia romana —insistía más adelante—, *como los príncipes cristianos temporales serán expulsados de sus territorios, de sus Reinos y de sus dominios; porque trasladaron a los etíopes negros y a los africanos de sus tierras a América haciéndolos siervos contra todo derecho. Por donde los mandantes y los que obedecen quedarán privados de sus posesiones; ahora bien, los príncipes eclesiásticos y los doctores que consientan (en estos atropellos), los que se callen, los que no se resistan (a esta manera de actuar) navegarán a América huyendo de la futura persecución (desatada contra ellos) en todo el orbe, una persecución como no han visto jamás los cristianos desde que se fundó la Iglesia de Cristo, que resultará con todo menor que*

---

97. *Apud* LÓPEZ GARCÍA (1982), p. 179.

la mayor de todas, que se desencadenará en el futuro tras la llegada del anticristo[98].

LA INTERVENCIÓN DE CARLOS II Y LA DE LA CURIA ROMANA

El caso es que fray Francisco José de Jaca y fray Epifanio de Moirans no se limitaron a predicar así, sino que llegaron a negarse a absolver a los penitentes que les pedían confesión y no se arrepentían de tener esclavos o se negaban a manumitirlos seguidamente y a pagarles los salarios correspondientes al tiempo que los habían tenido a su servicio.

Para entonces, el gobernador de La Habana —donde habían dado con sus huesos los dos capuchinos, cada uno por separado— había exigido y logrado que el provincial de los franciscanos expulsara del convento al aragonés y que el vicario general de la Diócesis lo procesara. Fue entonces cuando, sin convento donde vivir, el de Jaca se juntó con Moirans —que, a falta de convento, se había refugiado en una ermita— y ambos sorportaron el chaparrón, que fue regular: los dos religiosos fueron detenidos, suspendidos *a divinis,* excomulgados, procesados por la jurisdicción eclesiástica diocesana pese a pertenecer a Propaganda Fide y ser, por tanto, exentos; a lo que respondió el de Jaca, por cierto, excomulgando a su

---

98. *Ibidem,* p. 183.

vez al provisor eclesiástico de la Diócesis que lo había excomulgado sin tener jurisdicción sobre él. Encarcelados cada uno en un castillo, en 1682 fueron conducidos de Cuba a Europa, donde, después de un sinfín de episodios, quedaron en libertad... sin autorización para volver a América ni seguir con sus prédicas[99].

Pero su queja no fue infecunda. El asunto había llegado al Consejo de Indias y, en éste, se habló explícitamente de que los sermones y las posturas de los dos capuchinos casi habían provocado un levantamiento; cosa a todas luces exagerada, quizá comprensible por la distancia, quizá pensada para amedrentar a un monarca que se dejaba amedrentar y que, sin embargo, estaba preocupado por los esclavos. En efecto, en 1683, Carlos II firmaba una cédula donde insistía en que los magistrados de las Audiencias y los gobernadores de Indias pusieran *muy particular cuidado en el tratamiento de los esclavos, velando mucho en ello, y en que fueran adoctrinados e instruidos en los misterios de nuestra santa fe, y que en lo temporal tuvieran las asistencias convenientes, pasando al castigo de los amos, como estaba dispuesto por derecho*[100]; norma que vino a ser fundamental porque reforzó la postura de los jueces civiles que estaban decididos a que no quedara en teoría el derecho de los esclavos a denunciar a los amos por mal trato.

---

99. Detalles de todo esto, en LÓPEZ GARCÍA (1982), pp. 32-46, 181, y PENA (2001), pp. 21 y siguientes.
100. *Cit.* LEVAGGI (1973), p. 88.

Dos años después, en 1685, aún pidió respuesta del Consejo de Indias el propio monarca para estas tres preguntas: si convenía que hubiera negros en América y qué daños se seguirían de que no los hubiera; si se había reunido junta de teólogos para dictaminar sobre la licitud de comprarlos y asentarlos en las Indias y si había autores que hubieran escrito sobre este particular. Y los del Consejo no dudaron en responder a lo primero afirmativamente (que convenían los negros en América), a lo segundo que no (nunca, dijeron, había habido junta) y a lo tercero enumerando un elenco de escritores que habían argüido en pro de la necesidad de los negros. Lo apoyaban —decían— Molina, Tomás Sánchez, Solórzano y Avendaño. No mencionaban a los que consideraban ilícita la servidumbre de los negros y, además, engañaban al rey: le aseguraban que se adquirían en África previo examen de las causas por las que habían sido esclavizados, para tener la certeza de que esa servidumbre era justa. Y además recordaban que personas de todos los estados, incluidos los eclesiásticos, los poseían sin escrúpulos, «por la permisión y tolerancia de V*uestra* Majestad, que los compra y los permite vender», añadían de paso. Era además gente nacida para servir, según opinión de muchos. Y, en todo caso, no cabía, sin ellos, mantener *aquella república* de las Indias. Ni mucho menos procedía manumitir a los que ya había, so pena de correr el mayor peligro. Por lo demás, eran tratados y mantenidos *con mucha atención*[101].

---

101. *Apud* SCELLE (1906), I, pp. 836-840.

Carlos II lo aceptó, por lo menos tácitamente.

La suerte estaba echada. Llegados a este punto —conformes todos nuestros teólogos en la culpabilidad de los mercaderes y en que gran parte de los esclavos lo eran ilícitamente, pero discordes en lo que concernía a la culpabilidad del segundo y demás compradores y respaldados éstos tácitamente por el rey—, sólo cabía apelar al papa para terminar de una vez con aquel estado de cosas.

Y eso fue lo que hizo fray Francisco José de Jaca: pidió a la Congregación Romana de Propaganda Fide que se aprobaran once puntos donde se recogían las propuestas que consideraba contrarias a la fe y la moral cristianas en relación con ello:

«1. Que sea lícito con fuerza y fraude hacer esclavos a los negros, y con otros salvajes, aunque no dañen alguno.

»2. Que sea lícito vender o comprar tales negros, o salvajes, hechos esclavos con la fuerza, y con el engaño, y hacer con ellos cualquier otro contrato.

»3. Que cuando tales negros agarrados injustamente son mezclados con otros justamente vendibles, sea lícito comprar tanto los buenos como los malos.

»4. Que los compradores no están obligados a investigar acerca de la legitimidad del título de esclavitud, aunque sepan que muchos de ellos han sido hechos esclavos injustamente.

»5. Que los poseedores de tales negros y otros salvajes agarrados con dolo y fraude no están obligados a manumitirlos.

»6. Que tampoco están obligados los dueños y compradores a compensarles los daños.

»7. Que sea lícita a los mismos poseedores con autoridad privada exponer a manifiesto peligro de muerte, herir o matar los dichos negros u otros esclavos.

»8. Que sea lícito bautizar los negros y otros infieles sin instrucción en los misterios de la fe necesarios para la salvación, y dejarlos sin tal noticia después de bautizarlos y también instruidos los venden.

»9. Que los dueños de los negros u otros esclavos no están obligados a impedir que no vivan en concubinato.

»10. Que sea lícito tener en servidumbre los esclavos incluso después del bautismo, hayan sido o no justamente agarrados.

»11. Que sea lícito comprar los negros mediata o inmediatamente a los heréticos, o vendérselos, y después de cualquier contrato posterior a los mismos mantenerlos en servidumbre» [102].

Y el documento vino a coincidir con una gestión paralela del sacerdote afrobrasileño Lourenço da Silva de Mendouça [103], que afirmaba tener sangre real de los reyes del Congo y Angola y se titulaba procurador de todos los mulatos de Portugal, Castilla y Brasil (quizá porque era ciertamente procurador de sendas cofradías de negros y mulatos de

---

102. *Apud* LÓPEZ GARCÍA (1982), p. 44.
103. Lo que sigue sobre el asunto de Mendouça, en GRAY (1987), si no indico otra cosa.

Lisboa y Madrid). Mendouça llevó a Roma una petición para que se extinguiera la esclavitud perpetua; en su escrito, explicaba la crueldad con que eran apresados y tratados los negros y repetía el argumento de Jaca de que, bautizándoseles como se les bautizaba, esa crueldad era infligida a cristianos, cuyas almas quizá por eso se perdían; recordaba que no sólo quedaban sometidos a esclavitud perpetua ellos mismos, sino sus hijos —siendo así que eran hijos de católicos—, y que eso los llevaba a veces a suicidarse por desesperación. Pedía, en fin, que se excomulgara a quienes tomaran parte en este proceso y que fuera además una excomunión cuyo perdón se reservara al papa.

Mendouça presentó la petición en la Congregación de Propaganda Fide como responsable que era ésta de los territorios de misión a los que se refería en el escrito (sin duda los de África) y causó cierta sensación. En realidad, no era la primera vez que se denunciaban ante ella algunos aspectos de la trata de esclavos; el cardenal Barberini lo había hecho ya en 1660. Pero, en esta ocasión, el secretario de la Congregación, el arzobispo Edoardo Cibo, decidió llevar el asunto a la asamblea general del 6 de marzo de 1684 y la resolución que se adoptó fue terminante: se decidió escribir a los nuncios en Madrid y Lisboa expresando la amargura que había causado al papa y a los cardenales el relato de las crueldades a las que eran sometidos aquellos cristianos y el hecho mismo de que, siendo tales, se sometiera a esclavitud perpetua a ellos y a sus hijos; que algunos llegaran en su desesperación a perder sus almas y que, con todo esto, se impidiera el progreso en la evangelización, claro está que en el África negra. Se indicaba a los nuncios que debían pedir a los gobernantes de las dos Monarquías, la Católica y la Fidelísima, que prohibieran, bajo severas penas, semejantes crueldades como contrarias a la ley natural y civil y a los sagrados cánones. En el mismo sentido, además, se escribió a los superiores de los misioneros del Congo.

Y no paró la cosa en esto, sino que se mezcló con la denuncia de Jaca y Moirans, cuya petición de aprobación para aquellos once puntos —firmada por el procurador general de los capuchinos, Giambattista Carampelli— fue llevada a la asamblea general de Propaganda Fide del 12 de marzo de 1685, con la petición de que los miembros de la Congregación los condenaran.

Los miembros de la Congregación de Propaganda Fide advirtieron en este caso que no estaban autorizados a definir cuestiones doctrinales y, de inmediato, trasladaron el escrito al asesor del Santo Oficio para que la diera curso y se resolviera en esta otra Congregación Romana. Y el escrito se perdió en el silencio de la curia romana.

El 14 de enero de 1686, sin embargo, Mendouça dirigió una segunda petición a Propaganda Fide, insistiendo en sus argumentos. A lo sumo —admitía ahora—, los africanos podían ser retenidos por un período limitado, a fin de convertirlos al cristianismo y adoctrinarlos; pero la esclavitud perpetua era injusta, tratándose además de católicos. Y el nuevo escrito sirvió al arzobispo Edoardo Cibo para recordar que no habían tenido respuesta del Santo

Oficio, al que, por tanto, se dirigió de nuevo, en este sentido, con la petición expresa de que se declarase la rectitud de lo que pedía Mendouça y había pedido Carampelli.

Y esta vez sí: desde el Santo Oficio, el 20 de marzo de 1686, se pronunció la expresa condena de lo que vimos había expuesto Jaca:

«*S.C.S.Offici 20 Martii 1686.* R[espuestas:]

Propositiones:

»*1. Licitumn est nigros aliosque sylvestres nemini infensos vi aut dolo captivare.*

»*2. Licet nigros aliosque sylvestres, nemini infensos, vi aut dolo captivatos emere, vendere, et de illis alios contractus facere.*

»*3. Cum nigri aliisque sylvestres, iniuste captivati, sunt permixti aliis iuste vendibilibus, licet omnes emere, sive, ut dicumt, bonos et malos.* »*Ad 1, 2, et 3. Non licere.*

»*4. Emptores nigrorum aliorumve sylvestrium non tenentur inquirere de titulo eorum servitutis, sintne iuste vel iniuste mancipia, licet sciant plurimos eorum esse iniuste captivatos.*

»*5. Possessores nigrorum aliorumve sylvestrium nemini infensorum, vi aut dolo captorum, ad eos manumittendos non tenentur.*

»*6. Captores nigrorum et aliorum sylvestrium, nemini infensorum, vi aut dolo captorum, emptores, possessores, non tenentur ad eorum damna compensanda.* »*Ad 4, 5 et 6. Tenentur.*

»7. Licet possessoribus nigrorum aliorumque mancipiorum ex privata auctoritate manifesto periculo exponere, vulnerare, cremare, occidere.

»Ad 7, Non licere.

»8. Licet nigros aliosque infideles, doctrinae fidei capaces, absque instructione mysteriorum fidei ad salutem necessaria baptizare, item eosdem baptizatos absque ea relinquere.

»Ad 8. Non licere, praeterquam in articulo mortis.

»9. Domini nigrorum et aliorum mancipiorum non tenentur impedire ne vivant in concubinatu.

»Ad 9. Teneri.

»10. Licitum est captivos post Baptismum in servitute retinere, sint vel non sint iuste mancipia.

»Ad 10. Negative, si inuste.

»11. Licitum est ab haereticis emere nigros mediate vel immediate, et post emptionem seu donationem, aut quemlibet alium contractum ipsorum, mancipia remanere, et simiter vendere illis.

»Ad 11. Negative, existente mala fide» [104].

En suma, no era lícito hacer esclavos entre los negros y demás salvajes (*sylvestres*) por medio de dolo, si no habían perpetrado ninguna ofensa que lo justificase; tampoco venderlos, por tanto, ni hacer contrato alguno sobre la base de su esclavitud; para retener como esclavo a una de esas personas, era imprescindible moralmente comprobar la jus-

---

104. *Apud* COLLECTANEA (1907), item 230, pp. 76-77. En la localización de este texto ha sido decisiva la ayuda del doctor Luis Martínez Ferrer.

ticia de su cautividad; sin esa comprobación, era moralmente obligado manumitirlo y, no sólo a esto, sino indemnizarle.

Lo único que no suscribieron los de la Inquisición fue que no se pudiera mantener como esclavo a nadie una vez bautizado y que no cupiera comprar o vender a un siervo adquirido de un vendedor hereje. Lo primero dependía de que las causas de la servidumbre de esa persona fuesen justas o injustas y lo segundo, de que existiera mala fe. (Lo cual quiere decir que, en la curia romana, se mantenía la doctrina sobre la existencia de causas justas).

El secretario de Propaganda Fide —el arzobispo Cibo— actuó de inmediato: escribió a los obispos de Angola, Cádiz, Sevilla, Málaga y Valencia y a los nuncios de España y Portugal para que actuaran sobre los sacerdotes y misioneros de sus demarcaciones.

Pero no hablaba, ciertamente, de excomunión reservada al papa, ni siquiera de que intervinieran ante los reyes respectivos, como habían hecho Paulo III y Urbano VIII al defender la libertad de los indígenas del Nuevo Mundo en 1537 y 1639.

Quizás a idea, ciñó su mandato a lo que podía pasar por específico de la jurisdicción de Propaganda Fide.

Pero los obispos españoles y la mayoría de los misioneros de las Américas lusitana e hispana no dependían de Propaganda Fide, sino del Regio Patronato de Portugal y España, o sea, de los monarcas. Y, por lo tanto, no tuvo el mandato la repercusión deseada [105].

Esto no significa que cayera en vacío. Algunos de los obispos a quienes se dirigió habían hablado no hacía mucho de la necesidad de tratar bien y de evangelizar a los esclavos y es verosímil que la comunicación del Santo Oficio avivara la preocupación. En las constituciones sinodales malagueñas de 1671, por ejemplo, se había dicho expresamente que *los esclavos o eran cristianos, o eran infieles, y a todos los habían de tratar los dueños conforme al derecho natural.* Pecaban, además, quienes cayeran *en mandarles cosas que no pudieran hacer ni cumplir.* «Hacer trabajar a los esclavos demasiado [...] es pecado mortal», se llegaba a afirmar. *Los que fijaban a sus esclavos el jornal para su libertad no habían de imponer más cantidad de la que fuera justa* [106].

Pero no se pasó de ahí. Y, en 1701, una de las primeras cosas que hizo Felipe V al llegar al trono de España e introducir la casa de Borbón, francesa,

---

105. Al menos no hay constancia de la recepción siquiera de la comunicación del Santo Oficio en los Archivos Diocesano de Cádiz e Histórico Catedralicio de Málaga, según me hacen saber, amablemente, don Pablo Antón Solé y don Alberto J. Palomo Cruz.

106. *Constituciones sinodales,* Sevilla 1674, f. 265-266. Debo estos textos a la generosidad de don Alberto J. Palomo Cruz. Miguel Ángel Pina me comunica que, en el Archivo Diocesano de Sevilla, sí está el texto recibido del Santo Oficio, pero que no tiene ningún oficio o disposición que le acompañe y sí, en cambio, uno anterior del arzobispo de Sevilla sobre el buen trato de los esclavos.

fue conceder el monopolio del tráfico negrero con los territorios de su jurisdicción a la Real Compañía francesa de la Guinea, en la que tenía intereses su mismísimo abuelo, Luis XIV.

La reorientación del siglo XVIII

Eso sí, había que cristianarlos realmente.

Y a eso fueron seguidamente los teóricos portugueses, que tomaron ahora el testigo de la defensa del buen tratamiento, sobre la base, sin embargo, de mantener la esclavitud. En 1705, el jesuita Jorge Benci publicaba la *Economia cristã dos senhores no governo dos escravos,* a la que seguirían en 1711 las pocas páginas dedicadas a «Come se ha de haber o senhor do engenho com seus escravos», en *Cultura e opulência do Brasil por suas drogas e minas,* del también jesuita André João Antonil [107] (que era en realidad un libro sobre las riquezas naturales del Brasil y la forma adecuada de explotarlas) y, en 1758, *Ethiope resgatado, empenhado, sustentado, corregido, instruido, e libertado,* del sacerdote portugués, afincado en Bahía, Manoel Ribeiro Rocha.

El opúsculo de Ribeiro Rocha se publicó en Lisboa con aplauso de varios eclesiásticos. Y por Lisboa corría seis años después, en 1764, un panfleto anónimo en el que se rechazaba bruscamente el racismo aunque no se resolvía el problema del

---

107. *Vid.* Antonil (1711), pp. 22-28. La filiación jesuítica de Benci y Antonil, en Boxer (1963), p. 113.

tráfico: *los negros* —se decía en él— *no eran nuestros esclavos porque fueran negros; también los moros eran esclavos y no eran negros; había otras razones políticas y permitidas* —no detallaba cuáles— *para que se reputaran por siervos*. El hombre más negro de África, en cuanto hombre, era tan hombre como el alemán más blanco de Alemania, afirmaba el anónimo [108].

Es obvio que el problema moral seguía planteado. «En cuanto a la naturaleza moral de este comercio —advertían en 1766 dos arbitristas españoles encargados de visitar el Yucatán— se ponen muchas objeciones». Pero añadían: las objeciones se pueden evadir «sin ocurrir a soluciones escolásticas, con solas las observaciones instructivas de algunos viajeros sobre el modo con que los negros se hacen esclavos y sobre la cantidad anual que se transporta a la Guinea de los países interiores del África».

Escribían, en realidad, como si no existiera la reflexión de los teólogos que hemos expuesto:

> «Por un uso inmemorial hacen esclavos los negros a todos los cautivos o prisioneros que cogen en la guerra. Pero antes que su comercio hallara establecido con los europeos, mataban la mayor parte de ellos, temerosos de que siendo mucho su número no les causasen embarazo con sus revoluciones.
>
> »Es también costumbre entre estas naciones bárbaras castigar la mayor parte de los delitos con multas. Pero en defecto de la paga condena la ley al

---

108. *Cfr.* BOXER (1967), pp. 178-180.

reo a la esclavitud. Los deudores sin medio son condenados a la misma suerte, a menos que no los rescaten sus amigos.

»Los padres tienen el dominio de sujetar a sus hijos a la esclavitud y por todos estos medios se sabe por cálculos exactos que en ciertos años han salido de Guinea al menos 70 mil esclavos, lo que no debe parecer extraño si se considera que la costa de Guinea, desde el Cabo-Verde hasta el país de Angola, tiene 1.200 ó 1.300 leguas de largo, siendo su población inmensa por la poligamia que está en práctica en todas estas grandes regiones».

La conclusión era obvia:

«Para justificar la naturaleza de este comercio bastan las ventajas que sacan los comerciantes y mejor la que logran los mismos esclavos. En primer lugar queda probado por las reflexiones precedentes que el comercio de los esclavos libra la vida a muchas personas útiles.

»En segundo lugar consta que la vida de los negros es más feliz en la misma esclavitud que en su propia patria. De que resultan unas grandes ventajas en los dominios de Europa y América a los que saben usar de ellas para el cultivo de las tierras, trabajos de minas e ingenios de azúcar.

»En tercer lugar es útil a las naciones negras que sus delincuentes sean transportados fuera del país para no volver a él nunca y en fin las ventajas de este comercio superan a los inconvenientes que por él se proponen. Y vamos a nuestro asunto»[109].

---

109. Juan Antonio VALERA y Francisco de CORRES: *Discurso sobre la constitución de las Provincias de Yucatán y*

Pocos años después, hacia 1776, el benedictino catalán fray Íñigo Abbad y Lasierra no tenía empacho en decir que «los franceses adelantaban dinero a sus colonos para que comprasen negros y los llevasen a sus establecimientos» y que «estos juiciosos y bien premeditados reglamentos» habían surtido el efecto que deseaban y sus colonias estaban bien pobladas y los hacendados contaban con los esclavos necesarios [110].

Probablemente, aquellos dos arbitristas que se referían al Yucatán ya no pensaban tanto en los teólogos españoles y portugueses de los dos siglos anteriores como en algún *philosophe* que había comenzado a hablar de estas cosas, como luego veremos.

Porque, a todo esto, nadie paraba mientes en que las colonias americanas más pobladas de esclavos negros eran las francesas, cuyos teólogos y juristas —católicos o no— guardaban, sin embargo, el más plúmbeo silencio. Apenas puede hallarse una alusión, de pasada y sin compromiso, en la obra de Jean Bodin.

Campeche (1766), apud FLORESCANO y GIL SÁNCHEZ (1976) pp. 227-228. Introduzco en este párrafo puntos y aparte para facilitar la lectura.
110. ABBAD (1959), p. 157.

II
Los argumentos

La justificación de la esclavitud en sí misma [1]

Veamos ahora, sistemáticamente, los argumentos del debate teológico-jurídico que acabamos de reseñar, aunque el afán de claridad nos obligue a repetir no pocas ideas.

El pie forzado de aquellos pensadores españoles y portugueses de los siglos XVI y XVII, eran Aristóteles, el *derecho cesáreo* y el derecho civil (o sea, las *Partidas* en el caso de Castilla). Y digo pie forzado porque en efecto lo era y es importante retenerlo. Todos aquellos teóricos nacieron en un medio concreto —el Portugal o la España de los

---

1. En las páginas que siguen, al hablar de cada teórico, se entiende que remitimos a los lugares que acabamos de señalar en nota. Por ser los más, trozos pequeños y concretos de sus respectivas obras, no nos parece necesario volver a citarlos, recargando sin necesidad el número de notas a pie de página. Únicamente lo haremos cuando se trate de obras extensas —como la de Sandoval—, donde sea difícil localizar el texto o la idea que mencionamos si no señalamos su lugar exacto.

siglos XVI-XVII— y recibieron una herencia cultural —en el sentido más profundo, como hábito razonado de comportamiento— de la que, como una cosa más, formaba parte la esclavitud.

No hay que preguntarse, por tanto, cómo es que la admitieron; se formaron con ella. Si acaso habrá que preguntarse por qué no se plantearon si esa realidad cotidiana era justa.

Claro que la cultura clásica —que era la suya— tenía respuestas a esto. Y es fundamental conocerlas para comprender que la esclavitud perdurara: la esclavitud no se consideraba como una situación inhumana en sí misma, sino como algo precisamente humano. Aquellos teólogos y juristas estaban al cabo de la calle de que, en estado natural, el hombre había nacido libre y propendía, por lo mismo, a ser libre. Lo dijeron de forma explícita casi todos ellos. Pero, en términos realistas, había que reconocer —con Aristóteles, que es quien lo había dicho primero— que no todos los hombres eran iguales: había unos naturalmente sabios y otros naturalmente rudos y era también *natural* —de naturaleza— que aquéllos gobernaran a éstos y que éstos sirvieran a aquéllos, simplemente por el buen orden de la comunidad. Había, pues, en palabras del filósofo griego, una *servidumbre natural,* de la que hablarían de hecho, invocando a Aristóteles, el dominico Domingo de Soto en 1542 y, tras él, varios de los teólogos y juristas a los que nos referimos.

Algunos de ellos, no obstante, se dieron cuenta de que, aun en el caso de que Aristóteles tuviera razón, una cosa era que los sabios tuvieran el deber y el derecho de gobernar a los rudos y otra que los tuvieran como esclavos. Lo advirtió el propio fray Domingo de Soto en 1542: el que es señor por naturaleza —escribió— no puede usar de los siervos como si fueran cosas propias, en su propio beneficio, sino como de hombres libres y sujetos de derecho y buscando su bien, enseñándoles e instruyéndolos en las buenas costumbres y comportamientos. Por lo cual aquéllos no deben servirles como esclavos, sino teniendo con ellos cierta consideración (a no ser —advertía— que mediara un salario, o sea, que los señores pagaran a los rudos para que les sirvieran).

La servidumbre *natural* —insistía el agustino Salón en 1591— no era propiamente *servidumbre,* sino más bien una sujeción política y civil, porque —como explicaba Molina en 1593— no concedía cualquier derecho sobre los menos inteligentes, sino una mera actitud de obediencia, respeto y consideración y, si acaso, algún servicio o ayuda, según el régimen concreto en que estuvieran esas gentes. Cosa que Salón complicaba, curiosamente, con el problema del carácter representativo del poder político: todo príncipe lo era por elección de la república, en la que residía la potestad civil; pues bien, la república podía designar príncipe a un hombre poco sabio y no por eso un sabio de la misma república (u otra república de sabios) podía quitarle el poder, a no ser que practicara el canibalismo o cosa semejante. De suerte que la servidumbre *natural* también tenía aquí sus cortapisas: el hecho de ser sabio no daba derecho a hacer cualquier cosa con los que no lo eran.

En rigor, la afirmación aristotélica de que había una rudeza *natural* y, por tanto, personas que eran siervos *por naturaleza* era más fácil de entender para un cristiano por virtud del pecado original. En efecto, el origen de todo eso se hallaba en el pecado, como decía fray Domingo de Soto en 1542: ningún derecho natural podía ser derogado; todos los hombres nacían naturalmente libres; la servidumbre era contraria a la naturaleza. Pero esto quería decir que era contraria *a la primera intención de la naturaleza,* en la cual se había dispuesto que todos los hombres se comportaran racionalmente. La servidumbre natural no se había dado, en efecto, en el estado de inocencia, por la sencilla razón de que, en ese estado, no había rudos ni ignorantes. Al fallar la primera intención como consecuencia del pecado, sin embargo, se siguieron castigos conformes con la naturaleza corrupta. Y entre ellos se encontraba la servidumbre [2].

Esto por lo que hacía a la servidumbre *natural,* que era distinta de la que Aristóteles denominaba servidumbre *legal.* Y es que, aparte —seguía Soto—, del propio pecado original se derivaba la necesidad (traducida en pobreza) y las guerras, que eran las que llevaban al hombre a la esclavitud *legal.* El desorden (una de cuyas manifestaciones era la esclavitud natural) que había introducido el pecado en la naturaleza podía y debía ser corregi-

---

2. Lo mismo concluía el jesuita Fernando Rebello en 1608.

do por los hombres en la medida de lo posible. Podían hacerlo incluso por medio de coacción (que correspondía por excelencia a la autoridad), es decir, por medio de leyes, y eso es lo que era el *derecho de gentes*.

La libertad originaria seguía latente en todos estos planteamientos; lo dejaría claro, en 1627, el jesuita Sandoval: «Antiquísima cuestión fue, y muy ventilada entre las gentes y naciones, si era cosa lícita que hubiese esclavos que fuesen obligados a servir por fuerza. A muchos sabios les pareció que, atento a que dio libertad la naturaleza a los hombres, nadie se la podrá quitar, pues que en ser racionales y libres se diferencian los animales brutos»[3]. Y así seguían pensando —entendía él— los mandatarios de muchas repúblicas y los monarcas de Francia, Inglaterra y Francia, que no consentían la esclavitud en ninguna de sus formas[4]. (Sandoval ignoraba que, en algunas zonas de Francia, sí se consentía en cambio la servidumbre, aunque —erróneamente— creía que estaba limitada a los judíos que se atrevieran a regresar, una vez expulsados[5]).

---

3. «Parecer y sentencia también fue ésta de muchas Repúblicas y reyes de la Cristiandad, pues vemos en las Provincias de Italia, Francia, Inglaterra y Alemania, no consentir esclavos naturales ni estranjeros [*sic*]; antes si algún esclavo entra en cualquiera de aquellas Provincias, y en la ciudad de Tolosa, luego queda, por ley general, libre»: SANDOVAL (1647), p. 81. Remite a Bodino.
4. SANDOVAL (1647), p. 82.
5. «Sólo en Francia hicieron una excepción, para demostrar cuánto aborrecían el judaísmo, que cuando se determinaron de echar a los judíos de sus tierras, asentaron por ley

Pero había excepciones. Que —al entender de Sandoval— derivaban, en definitiva, de la propia defensa de la libertad: para defenderla, se amenazaba con la esclavitud a aquellos que intentaran conculcar la libertad del prójimo [6].

De forma que, a la postre, la conclusión era la misma que la que habían alcanzado fray Domingo de Soto y quienes le siguieron: los teólogos —explicaba el jesuita Sandoval— *decían que la servidumbre iba contra la permisión del derecho natural, pero no contra sus prohibiciones o leyes, y que las permisiones naturales las había podido derogar el derecho de gentes. Llamaban a la libertad «permisión natural» porque la naturaleza a todos los permite libres y a ninguno obliga al servicio del otro. Pero no la llamaban precepto natural; porque nunca la naturaleza mandó que fuesen libres los hombres, y, así, dio lugar a que los derechos humanos introdujesen la servidumbre, sin contradecirlas, como tampoco repartió los dominios de las cosas, que dividió el derecho de gentes* [7].

---

inviolable que el judío que volviese a Francia fuese público esclavo del que lo acusase»: *Ibidem*, p. 83.

6. «Por conservarla [la libertad] en el cuerpo, como la tenían en el alma, aventuraban [los gentiles] sus vidas, no teniendo por menor miseria perder la libertad, que la vida: y así castigaron las leyes a los culpados, en que perdiesen algunas veces la libertad, como en quitarles la vida; ley en que concurrieron todas las naciones que usaron de alguna policía, pareciéndoles que con el temor de no perder la libertad, evitarían los hombres las guerras y se conservarían en paz»: *Ibidem*, 83.

7. *Ibidem*, p. 84.

La razón que daban los doctores que mencionaba para probar que la esclavitud era lícita le parecía «clara y fuerte» a Sandoval: *Si era justo que los hombres justo perdieran la vida por sus delitos, ¿cómo no iba a ser justo que por éstos u otros perdiesen la libertad, que es de menor valor y estima? Y, si los que vencían en una guerra justa «tal vez» podían quitar la vida a los vencidos, mejor podrían quitarles la libertad y hacerles gracia de la vida; no había duda de que los vencidos holgarían de ser antes esclavos que muertos.* Eso en la guerra justa; porque en la injusta no habría señorío del vencedor sobre el vencido, ni el vencedor podría adquirir a éste por tanto [8].

Visto así, la sumisión a servidumbre podía incluso contemplarse como un beneficio, puesto que reemplazaba a la muerte. Por eso —explicaba Solórzano en *De Indiarum iure* (1629), casi en un juego de palabras— se les llamaba *siervos:* no porque *sirvieran* a sus señores, sino porque eran *conservados* por ellos.

Y es que la experiencia en la Roma clásica había conducido al derecho de gentes que hizo suyo Alfonso X el Sabio de Castilla en el siglo XIII y que se expresó en las *Partidas* —el gran código castellano—, según las cuales, reconociendo la propensión de todo ser humano a la libertad, cabía someter a servidumbre al prójimo en caso de cautiverio en guerra justa (siempre que el cautivo no fuera cristiano), nacimiento de vientre de sierva (porque era la

---

8. *Ibidem*, p. 85.

mujer quien transmitía al hijo la condición social), venta de uno mismo —normalmente por deudas— o voluntad del padre que se hallara en extrema necesidad (en este último caso, con derecho de rescate, no obstante, si devolvía el producto de la venta).

Excepto uno al que nos referiremos a continuación, todos los teólogos y juristas del mundo ibérico asumieron este orden de cosas (empezando por fray Domingo de Soto en 1542, que lo hizo expresamente, como lo hicieron Pedro de Ledesma en 1598, Sandoval en 1627, Solórzano Pereira en 1629 o Esteban Fagúndez en 1640). Todos salvo uno, por tanto, partían de la base de que la esclavitud era lícita y moralmente buena, siquiera fuese como mal menor y derivación del pecado, con tal que obedeciera a alguna de esas cuatro causas que acabo de enumerar. Si acaso, sustituían unas causas por otras y, así, el jesuita Luis de Molina decía en 1593 que eran las cuatro dichas y, además, la del castigo a ser esclavo por delitos cometidos; en tanto que fray Tomás de Mercado afirmaba en 1571 que eran estas tres: la de la guerra justa, la de venta del hijo por el padre en extrema necesidad y el haber cometido delitos públicos. Callaba sobre la herencia materna, pero no, probablemente, porque la desdeñara, sino porque la consideraba enteramente sabida y previa a cualquier razonamiento.

La excepción que hemos anunciado fue la del catedrático y jurista don Bartolomé Frías de Albornoz, quien, en 1573, se atrevía incluso con Aristóteles, cierto que con gramática y, por tanto, razones un tanto enrevesadas, que transcribimos páginas atrás. Se reducía a recordar que Jesucristo había tratado *diferente filosofía que los otros* y que una cosa era apropiarse de cosas en guerra y otra muy diferente hacer esclavos. Eso sobre los que se hicieran en caso de guerra. Porque lo que atañía a las mujeres y los niños y a los vencidos por el hambre no había cómo justificarlo.

LAS NUEVE CAUSAS REALES DE LA ESCLAVITUD DE LOS NEGROS. PRIMERA CAUSA: LA GUERRA INJUSTA

Así que, ante el tráfico portugués de negros de Cabo Verde y la Guinea (ellos llamaban *Guinea,* a toda la costa subsahariana del África occidental), lo que se preguntaron estos hombres no fue si era lícito o no en sí mismo, sino si obedecía a alguna de las causas mentadas o a otras. Es decir: no pusieron en duda que la esclavitud era lícita como consecuencia del pecado; lo que se preguntaron es si se daba en África alguna de las causas que hemos visto hacían lícita la esclavitud.

Y la respuesta fue distinta. En relación con la primera causa —la de los cautivos hechos tales en guerra justa—, no había duda de que era lícito someterlos a servidumbre. El problema era saber si era precisamente justa la guerra concreta en que había sido hecho esclavo un ser humano puesto en venta por sus hermanos de raza (porque no hay que olvidar que eran negros los que vendían a los negros en primera instancia).

La duda se había hecho más grave desde el momento en que se supo —y esto ocurrió enseguida— que la demanda portuguesa de negros había comenzado a actuar como aliciente de la guerra, de manera que, cuando había noticia de que llegaban traficantes a los puertos atlántico-africanos, había reyezuelos que declaraban la guerra a otros sólo para obtener esclavos. Y claro es que a eso no se le podía llamar guerra justa. Lo decía ya fray Bartolomé de Las Casas mediado el siglo XVI: las que hacían los portugueses a los negros no eran sino *guerras crueles, matanzas, captiverios, totales destrucciones y aniquilaciones de muchos pueblos de gentes seguras en sus casas y pacíficas, cierta damnación de muchas ánimas que eternalmente perecían sin remedio, que nunca los impugnaron ni les hicieron injuria, ni guerra*[9].

Y lo repitió el también dominico Alonso de Montúfar en aquella carta tremenda de 1560, según hemos visto. Las guerras en las que se apresaban —insiste otro dominico, fray Tomás de Mercado, en 1571— no siempre son justas, «q*ue* como son bárbaros, no se mueven jamás por razó*n*, sino por pasió*n*, ni examina*n* ni pone*n* en co*n*sulta el derecho q*ue* tienen. Demás desto, como los portugueses y castellanos da*n* ta*n*to por un negro, sin q*ue* haya guerra, anda*n* a caza unos d*e* otros, como si fuese*n* venados».

Ya sabemos que, dos años más tarde, en 1573, Frías de Albornoz dudaba de la licitud de hacer esclavos incluso a los cautivos en guerra justa; cuánto más en una guerra que no fuera tal. «Cuando la guerra se hace entre enemigos públicos —escri-

---

9. LAS CASAS (1989), p. 255.

be—, ha lugar de hacerse esclavos en la ley del demonio, mas no donde hay tal guerra como ésta».

Sería esto mismo lo que concluiría el padre Luis de Molina en 1593, sólo que el jesuita probaría un mayor conocimiento de causa, sin duda porque había recabado informes de sus hermanos portugueses y de mercaderes de la misma nación. Y eso le permitió entrar en los detalles que vimos, sobre la inexistencia de reyes poderosos y la abundancia de reyezuelos, que guerreaban entre sí desde antiguo y sin ninguna razón justa. Aseguraba que muchos de los esclavos que compraban los europeos en aquellas costas tenían ese origen y, por lo tanto, no lo eran en justicia.

Se debía presuponer que la mayoría de las luchas entre los negros eran injustas; no merecían el nombre de guerras. Y, por tanto, los esclavos que se hacían en ellas no lo eran legítimamente. Pecaban mortalmente —ratificaría Rebello— tangosmaos y pomberos (él decía *tangomaos* y *pombeiros*) haciendo lo que hacían en Guinea, Angola y la Cafrería.

Las guerras entre los negros son injustas, repite el padre Tomás Sánchez antes de 1610. Y lo mismo el también jesuita Alonso de Sandoval, que se apoyaba expresamente en fray Tomás de Mercado: «Al primer título de guerra justa se mezcla el ser muchas, o casi todas, injustas»: primero porque eran bárbaros los que las hacían, y *no ponían en consulta el derecho que tenían*. Pero, además, porque el propio tráfico de negros producía la guerra: «... como los portugueses y castellanos dan tanto por un negro, sin que haya guerra, andan a caza unos de otros, como si fuesen venados, movidos los mismos etíopes del interés, y se hacen la guerra, y tienen por granjería el cautivarse, y se cazan en el monte donde van a montería, que es un ejercicio comunísimo entre ellos, o cortar leña para sus chozas. Desta manera vienen infinitos cautivos contra toda justicia»[10]. Los mercaderes portugueses, deducía Fragoso en una obra póstuma de 1641, no quedarían libres de peligro de cometer una injusticia si entraban en la compra o venta de esos cautivos, a no ser que antes indagaran hasta comprobar la justicia de la guerra en que habían sido capturados.

Ni valía el porfiar de los dichos —apostillaría más tarde (1681) fray Francisco José de Jaca—, *diciendo que los negros fraguaban en sus familias las guerras en que unos y otros se prendían, vendían y ajenaban, porque éste, caso que así fuera, no admitía razón de guerra justificada, sino de altercado, sedición y perturbación inicua, a todo derecho opuesta.* Y, si por esta razón se hubiera de permitir la esclavitud en tan desgraciadas criaturas, también habría que permitirlo entre los bandos que en España y otras tierras se suelen fraguar[11].

Para que hubiera guerra justa, Moirans (1682) aludía a tres requisitos señalados por santo Tomás de Aquino: que la declarase una autoridad con plena soberanía (sin emplear esta palabra, pero sí su

---

10. SANDOVAL (1647), pp. 94-95.
11. *Apud* LÓPEZ GARCÍA (1982), p. 128.

significado), que la causa fuese justa y no quedara otro remedio y que la finalidad de la guerra fuera la paz [12].

Como se ve, no habría que esperar a Blanco White ni a 1814 para leer o escuchar lo que el anglohispano escribió al comenzar el siglo XIX y discutirse en las Cortes de Cádiz —en 1811— la cuestión de la esclavitud: que, si una gran parte de los esclavos que compraban los europeos en África eran prisioneros de guerra, es que el tráfico negrero había supuesto un gran incentivo para provocarlas y hacer así prisioneros que luego se pudieran vender [13]. Con esto, y a veces a la letra, Blanco White difundía los argumentos que había expuesto William Wilberforce ante el Parlamento de Londres en torno a 1791 y los relatos del viajero escocés Mungo Park, que había recorrido buena parte de África en 1795-1797.

Pero hacía dos siglos que esas razones se aducían.

Segunda causa: el nacimiento

En cuanto a la segunda causa de licitud de la servidumbre —que fueran hijos de esclava—, no había nada que decir, salvo que también tenía que comprobarse que era así. No hay que olvidar que aquellas gentes carecían de una mentalidad iguali-

---

12. *Cfr.* López García (1982), pp. 220-221.
13. *Cfr.* Blanco (1814), pp. 3-4.

taria; habían nacido, crecido y se habían formado y pertenecían a una sociedad estamental, en la que todo ser humano pertenecía a un *cuerpo* concreto, jurídicamente definido —no sólo como libre o esclavo, sino como noble o plebeyo—, cuerpo en el cual se entraba por mor del nacimiento, en el momento mismo del parto, de forma que era lógico que fuera el vientre —o sea la madre— quien legara la condición. *El fruto sigue al vientre,* sentenciaba el jesuita Luis de Molina (1593), y eso era así, a su juicio —singular donde los hubiera—, primero porque había certeza sobre quién era la madre, pero no de quién era el padre; segundo porque la vida de la madre peligraba en el parto y, tercero, porque la alimentación y la educación de los hijos eran más propias de la madre, y eso —añadía, conforme a la ciencia de la época— a pesar de que la parte principal en la generación de una vida correspondía al padre.

Tercera causa: la venta de sí mismo

Respecto a la tercera —que se tratara de personas que se vendían a sí mismas como esclavos—, tampoco había qué añadir, sino que, asimismo, fuese verdad que había ocurrido de ese modo en el África negra, donde se adquirían los siervos. Si había sido así, era lícito comprarlos, observaba explícitamente el agustino Salón (1591).

Cuarta causa: los padres que vendían a sus hijos

En cambio, de la cuarta causa —la venta de los hijos por los padres en extrema necesidad—, expresamente se sabía que no siempre se daba esta última condición, sino que había padres que enajenaban a sus hijos por cualquier falta leve. La bestialidad de los negros —explicaba fray Tomás de Mercado en 1571— inducía a algunos padres a enajenar a sus hijos por mero enojo y coraje, por algún sinsabor o desacato.

> «Y como acá con la furia acaesce decilles vete de mi casa, o echallos, los toma*n* a los míseros muchachos y los llevan a vender a la plaza. Y como el trato es ya tan grande, en cualquier parte hay aparejados portugueses, o los mesmos negros, para mercallos. Que también hay entre ellos ya tratantes en este negocio bestial y brutal, que mercan la tierra de*n*tro a sus mesmos naturales, y los traen a vender más caro a las costas, o a las islas».
>
> «... entre bárbaros, como los negros y moros —ratificaba fray Francisco García en 1583—, [...] a cada paso dan sus hijos cautivos para socorrer las necesidades».

Y lo mismo y más, Luis de Molina a finales del siglo XVI: a veces, los propios negros confesaban que vendían a su mujer o a sus hijos por el capricho de obtener una campanilla u otras mercaderías portuguesas [14].

---

14. El también jesuita Tomás Sánchez rechazaba igualmente este tipo de venta de los hijos antes de 1610, porque,

Otro era el caso —según se desprendía de la obra del portugués Fagúndez (1640)— de los *tobas*, señores temporales que había en Guinea y Angola de quienes se decía que, desde tiempo inmemorial, poseían ciertas aldeas a modo de establos de ganado, de suerte que solían sacar de ellas, cuando querían, gente para la venta. Esta gente sí se podía comprar —según él—, porque se trataba de hijos que habían sido vendidos por sus padres, para cubrir alguna necesidad, y de cautivos en guerra justa.

En general, no había inconveniente en que un padre vendiera a su hijo si estaba realmente en extrema necesidad. «La razón de esto es —explicaba fray Francisco García en 1583— porque el hijo es como cosa del padre; [...] pues aquél le dio el ser y la vida que tiene, y el sustentamiento para conservarla, y le ha remediado en sus necesidades cuanto ha podido y ha sido menester; y así es razón que le

---

frecuentemente, lo hacían los padres por un leve enfado. Y lo repetía el padre Alonso de Sandoval, jesuita asimismo, en 1627, siguiendo claramente a fray Tomás de Mercado: «Al otro título de vender los padres a los hijos en estrema [*sic*] necesidad, se junta, por su bestialidad, venderlos sin ninguna, y muchas veces por enojo y coraje, por algún sinsabor o desacato que les hacen: y como acá con la furia acaece, decirles: Vete de mi casa, o los echan della, cogen a los miserables muchachos y los llevan a vender a la plaza. Y como el trato es ya tan grande en cualquier parte, hay aparejados portugueses, o los mismos negros para mercarlos. Que también hay ya entre ellos tratantes en este negocio bestial y brutal, que mercan la tierra adentro a sus mismos naturales y los traen a vender a las costas o a las islas más caros»: SANDOVAL (1647), p. 95.

pague en la misma moneda». Lo que había que comprobar es que esa necesidad extrema existía.

QUINTA CAUSA: LA ESCLAVITUD COMO CASTIGO

Por otra parte, estaba la cuestión de la esclavitud como castigo de delitos y si la autoridad legítima, que había impuesto esa pena, podía vender al así castigado. Fray Tomás de Mercado advertía en 1571 que, en cuanto a los delitos públicos como causa de servidumbre, entre los negros africanos eran frecuentemente cosas menores, tan desproporcionadas, que no podían justificar que se sometiera a esclavitud —como a veces se sometía— no sólo al delincuente, sino a toda su familia. Algunos eran condenados a esclavitud perpetua por cosas como robar una gallina, comentaba más tarde el jesuita Luis de Molina (1593), quien, por otra parte, concluía que no era justo que se sometiera a servidumbre, como en ocasiones se sometía en África, por el delito de uno, a sus parientes incluso lejanos, ni a sus consanguíneos, ni a sus hermanos, ni siquiera a su esposa o sus hijos, a no ser que el crimen fuera tan horrendo que lo exigiera el bien de la república. Cosa que le parecía rarísimo que pudiera ocurrir.

Y claro está que esos esclavos no podían ser comprados para mantenerlos como tales. En África —comentaba Molina sin afirmar que fuera justo o no—, se sometía a servidumbre a los reos de adulterio o de violación. En realidad —concluía, en este caso claramente—, para que la esclavitud por delito fuera lícita, hacía falta que el delincuente hubiera cometido un delito semejante al que en España o Portugal conllevaba la pena de galeras o poco menos [15].

Unos años después (antes de 1610), otro jesuita, el padre Tomás Sánchez, argüiría que muchas de las leyes por las que un negro se convertía en esclavo eran injustas y obedecían con frecuencia al odio y la ira. Y lo detallaría el también jesuita Alonso de Sandoval en 1627: *a título de castigar los príncipes y jueces a sus vasallos, privándolos de la libertad por sus deméritos y delitos, se mezclaba el que, enojándose con algunos de ellos, o haciéndole algún sinsabor al rey, como en España le echaban de la Corte o perdía la privanza y favor, allá procuraban de que perdiesen la libertad, haciéndolos esclavos a él y a toda su familia, prendiéndolos con dos mil engaños y testimonios falsos. Otros los enviaban por caminos breñosos, bosques y montañas, donde tenían ya puestos en celada sus privados y criados, adonde sin poderse defender los cautivaban y daban con ellos en algún puerto, donde se despachaban los tristes, sin que por ventura lo supieran en sus casas* [16].

---

15. Lo mismo —injusticia de las guerras entre los negros, levedad de los delitos castigados con la esclavitud, improcedencia de someter a servidumbre a consanguíneos, hijos o esposas— defendía el también jesuita Rebello en 1608.
16. SANDOVAL (1647), p. 95.

Sexta causa: el puro y simple engaño

Nadie tenía duda sobre una sexta causa que planteó fray Bernardino de Vique al dominico Francisco de Vitoria al comienzo de este debate: había sabido que algunos mercaderes portugueses atraían a los negros —sin duda a los barcos negreros previamente atracados en los puertos de la Guinea— con *juguetes*; de manera que los que caían en la tentación de entrar a verlos eran capturados, llevados y vendidos como esclavos. Ante esto Vitoria no vaciló: era completamente ilícito hacer siervos de esta manera.

Lo que ocurría es que él no creía que fuera así; entre otras cosas porque, si sucediera, siempre habría alguien que lo denunciaría ante el rey de Portugal y era inverosímil que, sabiéndolo, lo consintiera éste. En 1542, sin embargo, fray Domingo de Soto decía que era fama que sucedía de esa forma. Y desde luego concluía que, si era cierto, ni los que los capturaban, ni quienes los compraban, ni quienes los poseían —si sabían que habían sido hechos esclavos de ese modo— podían retenerlos como tales, y eso aunque no pudieran recuperar el dinero pagado por ellos. Fue la razón por la cual, precisamente en esos años, cambió de parecer fray Bartolomé de Las Casas, que en otro tiempo había aconsejado que se llevaran negros esclavos a América para evitar la explotación de los indios: «Este aviso de que se diese licencias para traer esclavos negros a estas tierras —relataría él mismo en la *Historia de las Indias*— dio primero el clérigo Casas, no advirtiendo la injusticia con que los portugueses los toman y hacen esclavos; el cual, después que cayó en ello, no lo diera por cuanto había en el mundo».

Lo repite fray Tomás de Mercado en 1571: *era pública voz y fama que, en rescatar sacar y traer los negros de su tierra para Indias, o para acá, había dos mil engaños y se hacían mil robos y se cometían mil fuerzas*. Las hacen los españoles «engañándolos y trayéndolos en fin, como a bozales que son, a los puertos con unos bonetillos, cascabeles, cuentas y escribanías que les dan, y metiéndolos disimuladamente en sus navíos, alzan áncoras y cebando velas se hacen a fuera con la presa a la mar alta». «[...] es fama común —repite fray Francisco García en 1583— que los cautivan ordinariamente no en guerra justa, sino con violencia, o con engaño, tomándolos por fuerza y metiéndolos en las naves o cobijándolos con dijes y niñerías, según ellos son bozales, a que vengan a las naves, y después que allí los tienen, no los dejan salir y se van con ellos». Y lo mismo Salón en 1591 y —citando a Domingo de Soto— Pedro de Ledesma en 1598.

También el jesuita Alonso de Sandoval (1627) denunciaría aquellos usos de los mercaderes, al referirse a «otras mil traiciones en aquellas partes que hacen españoles, engañándolos y trayéndolos [a los negros], en fin como a bozales y chontales, a nuestros puertos» [17]. Bien entendido que, como había advertido el jurista Hevia Bolaños en 1603, los

17. *Ibidem*, p. 95.

que compraban y vendían esclavos no eran considerados *mercaderes* en España (ni gozaban, por tanto, de las ventajas legales que se dieran a éstos), sino *mangones o venaliciarios, que eran recatones o revendedores, porque en el nombre de mercaderías no se comprehendían los hombres racionales*[18].

Sobre los mercaderes portugueses, concluía lo mismo el portugués Baptista Fragoso en aquella obra póstuma de 1641: si los miserables negros eran capturados con fraude o dolo, llevándolos a los buques por la fuerza o engañándolos con objetos menudos y de poco valor, ni los que los seducían así, ni los que los capturaban, ni los mercaderes que los adquirían, ni los que *de facto* los poseyeran podían retenerlos en conciencia, sino que estaban obligados a devolverles la libertad.

Lo mismo había dicho el también portugués Fagúndez en 1640 y de lo mismo se quejaba fray Francisco José de Jaca en 1681 [19].

SÉPTIMA CAUSA: LA CONMUTACIÓN DE LA PENA

Por otra parte, en el África negra los mercaderes portugueses se habían encontrado con una nueva posibilidad de hacer esclavos, que, de hecho, venía a ser una séptima causa de esclavitud: la de los condenados a muerte por las autoridades afri-

18. HEVIA (1771), t. 2, l. 1, c. 1, núm. 6, f. 262.
19. *Vid.* LÓPEZ GARCÍA (1982), pp. 149-150.

canas que, en vez de ajusticiarlos, optaban por venderlos. Fue otra de las preguntas que hizo fray Bernardino de Vique al maestro Francisco de Vitoria: si era lícito conmutar la pena de muerte por la de servidumbre. Pero parece que Vitoria no le entendió del todo; le dijo que, si bien la cuestión le suscitaba dudas, «siendo tierra donde se puede uno facer esclavo por muchas maneras y voluntariamente venderse, ¿por qué no se podrá voluntariamente dar por esclavo del que le quisiere rescatar [...]? Parésceme que se puede tener por esclavo por toda la vida».

Fray Domingo de Soto (1542) sí lo comprendió cabalmente y concluyó que era lícito: la servidumbre por conmutación de la pena de muerte no era tan sólo lícita, sino nacida de la misericordia.

Pero la mayoría de los demás teólogos y juristas se pusieron en contra. El jesuita Luis de Molina (1593) decía que era dudoso si, como ocurría en África y en Brasil —se supone que, aquí, entre los indios—, podía retenerse como esclavos a aquellos que iban a ser ajusticiados e incluso comidos por los suyos y eran rescatados por alguien mediante pago. Le parecía que, para que éstos pudieran retenerlos como siervos, tenían que haberlo pactado antes [20].

---

20. Esto, en MOLINA (1615), t. I, trac. II, disp. 33, nn. 30-31, cols. 163-166. En cambio, *ibidem,* disp. 35, nn. 4-8, cols. 181-182, dice que los portugueses pueden comprar lícitamente a aquellos negros que han sido condenados a muerte por hurtos leves.

«... los que libran los infieles del peligro de muerte —aseguraba Pedro de Ledesma (1598)— no tienen derecho a hacerlos siervos suyos».

En este punto, fue más singular lo que adujo el jesuita Tomás Sánchez (antes de 1610): los negros del Congo eran vecinos de otro Reino que se llamaba de los Pumbos, con el cual estaban en guerra, de manera que todos los enemigos que capturaban los vendían en la plaza pública para comer, como si fuera carne de animal; de suerte que, si acudía algún mercader y ofrecía por el negro cautivo un precio mayor que el que iba a conseguirse vendiéndolo para carne, se lo daban a él como esclavo. Curiosamente, al padre Sánchez le parecía que esta venta era ilícita porque, como eran tan rudos, los negros así enajenados no comprendían la esclavitud a que se les destinaba y los mercaderes no se molestaban en explicársela. Además, muchas veces eran casados y, con la venta, se les separaba del cónyuge. No paró mientes, a lo que parece, en que matarlos para venderlos como carne también era una forma de separarlos de la esposa.

Octava causa: el beneficio de cristianarlos y de civilizarlos

En cierto modo, podía verse una octava causa de esclavitud en el beneficio que, paradójicamente, recibían los esclavos (según algunos de estos teóricos ibéricos). Por dos razones: porque se les sacaba de la miseria en que vivían en África y se les introducía en una cultura mejor y, sobre todo, porque se les hacía cristianos. Lo dice ya el maestro Francisco de Vitoria en la carta a fray Bernardino de Vique: «Que, si los tratasen humanamente [los traficantes], sería mejor suerte la de los esclavos *inter christianos,* que no ser libres en sus tierras; demás que es la mayor buenaventura venir a ser cristianos».

Y no tardó en considerarse no un mero beneficio, sino una verdadera justificación de la servidumbre. Lo decía el oidor don Francisco de Anuncibay en 1592, en el *Discurso sobre los negros que se pretenden llevar a la gobernación de Popayán:* con la esclavitud, *los negros no recibían agravio, porque les era muy útil a los míseros sacarlos de Guinea, de aquel fuego y tiranía y barbarie y brutalidad, donde sin ley ni Dios vivían como brutos salvajes.* No podía haber nada malo en llevarlos a una tierra mejor donde, además, *se conservaran y vivieran en policía y religión, de que conseguirían muchos bienes temporales y, lo que más estimaba, espirituales,* para los que, por cierto, consideraba muy capaz a la *nación de negros.* En esto, *se allegaba al voto de don fray Francisco Ximénez* —de Cisneros, sin duda— *en lo del Reino de Granada*[21]

---

21. Lo aclaraba mucho después el agustino Miguel Bartolomé SALÓN (1591), col. 352: Sin duda alguna, los granadinos que se habían rebelado por esos días pudieron ser reducidos a esclavitud justísimamente; porque no sólo fueron rebeldes contra el príncipe, sino que apostataron de la fe cristiana; aunque no veía claro que también se pudieran reducir a servidumbre los adultos que no se rebelaron ni los hijos de los que sí lo hicieron.

y —puesto que se trataba de dedicarlos a sacar oro en las minas de Popayán— repetía lo del jesuita *Josefo de Acosta,* que «el oro llevó la predicación al occidente y *cum de uno queritur cetera presumuntur habilia».*

En realidad —advertía Molina en 1593—, eran los propios negreros los que pensaban de este modo. Los mercaderes portugueses con quienes había hablado no se preocupaban más que de enriquecerse y beneficiarse y se admiraban si alguien quería suscitarles algún escrúpulo; pensaban que lo que hacían era algo honroso porque los negros que compraban iban a alcanzar la fe cristiana y una vida material mucho mejor que la que tenían entre los suyos, desnudos y mal alimentados.

Y la verdad es que le daría la razón fray Juan de Castro, si fue él quien compuso el escrito *Sobre las conveniencias que se siguen del Asiento de introducción de negros, que se ha tomado con Domingo Grillo y Ambrosio Lomelin,* en 1662: «... parecía —alegaba— que la Divina Providencia había vinculado la conservación de los Reinos de Indias en la educación de los predestinados de

---

Asimismo, el dominico Pedro de LEDESMA (1611), pp. 226-227: «La octava dificulta es de los de Granada, si es lícito, o fue lícito venderlos como esclavos. La razón de la duda es porque estos tales eran verdaderos cristianos bautizados. Luego no podían ser esclavos [...]. Los adultos que se rebelaron, con muy buen derecho y con buena conciencia los pudieron hacer esclavos [...]. Digo lo segundo que los niños que no pudieron hacer mal, no parece que hay razón ninguna para hacerlos esclavos».

Guinea, disponiendo que aquel inmenso bien que recibían con el alumbramiento y participación de nuestra Santa Fe Católica lo agradecieran a sus educadores y dueños con la asistencia continua al beneficio de sus haciendas». «Por estos motivos divinamente ordenados para la recíproca utilidad de los negros y de los que se emplean en sus rescates, se ha procurado siempre frecuentar su tráfico y introducción en las Indias, que nada reciben más gustosas, porque en nada tienen más beneficio»[22].

Así pensaban los negreros y también algunos gobernantes principales: en 1685, en la consulta que elevaron a Carlos II, los del Consejo de Indias no dudarían en afirmar que *no era menos ponderable el que los negros que se traían se libraban del barbarismo en que vivían en sus tierras y eran instruidos en nuestra santa fe católica*[23].

Ya lo había subrayado Solórzano en 1629 aduciendo los testimonios de Soto, Salón y Molina, sin advertir que, en realidad, una cosa es que atestiguaran que los mercaderes portugueses alegaban esa razón y otra que la suscribieran los teólogos.

Porque el criterio absolutamente contrario a esas razones era patente si se leía a fray Domingo de Soto (1553): es una vulgar excusa —afirmaba el dominico explícitamente— la que alegan algunos que capturan negros por la fuerza y afirman que, aunque los reducen a esclavitud, es mayor el beneficio que les aportan, pues los hacen cristia-

22. *Cit.* VILAR (1971), p. 298.
23. *Apud* SCELLE (1906), I, pp. 839-840.

nos. Había que responderles que, si una de las condiciones esenciales de la fe es que a nadie se le puede obligar a aceptarla, la misma razón impone que ninguna coacción sea medio lícito para persuadirlos.

Nunca es lícito hacer la guerra a los infieles por el hecho de ser tales, si nunca han sido bautizados: así a los moros, judíos y *gentíos* —añadía el sacerdote portugués Fernando Oliveyra dos años después, en 1555—. Más se convertirían con el ejemplo de la justicia y de la paz que con la tiranía y la guerra. No era, por tanto, lícito hacer así cautivos ni venderlos. Si acaso —llega a decir en un momento—, se les podría cautivar —únicamente en guerra justa—, servirse de ellos durante un tiempo —estipulado por las leyes— a fin de predicarles la fe de Cristo y manumitirlos después. Pero —corrige de inmediato— los que van a buscar a esa gente no lo hacen para salvarlos. «*Nem se debe fazer mal pera vir bê*»[24].

Lo mismo, y por los mismos años, repetía fray Bartolomé de Las Casas en la *Historia de las Indias*: era una ceguedad *creer que, por ser infieles los no bautizados, era lícito saltearlos, robarlos, cautivarlos y matarlos*. Los portugueses, de necesidad de salvarse, estaban obligados *a no guerrearlos, ni saltearlos, ni hacerles daño alguno, sino tratar con ellos pacíficamente, dándoles ejemplo de cristiandad, para que desde luego que vieran aquellos hombres con título de cristianos, amasen*

---

24. OLIVEYRA (1555), XIIIv-XIV.

la religión cristiana y a Jesucristo, que es en ella adorado, y no darles causa con obras de sí mismas tan malas, hechas contra quien no se las había merecido, que aborreciesen a Cristo y a sus cultores con razonable causa [25].

Por lo demás ya vimos que aquel fray Alonso de Montúfar, arzobispo de México, que escribía a Felipe II en 1560, apuntaba lo mismo que Las Casas, aunque sin entrar en razonamientos.

Pero fue, una vez más, don Bartolomé Frías de Albornoz quien lo desarrolló francamente:

> «Otros dicen que mejor les está a los negros ser traídos a estas partes donde se les da conocimiento de la ley de Dios y viven en razón, aunque sean esclavos, que no dejarlos en su tierra, donde estando en libertad viven bestialmente. Yo confieso lo primero, y a cualquiera negro que me pidiera sobre ello parecer, le aconsejara que antes viniera entre nosotros a ser esclavo que quedar de rey en su tierra. Mas este bien suyo no justifica, antes agrava más la causa del que le tiene en servidumbre. Sólo se justificara en caso que no pudiera aquel negro ser cristiano sin ser esclavo. Mas no creo que me dirán en la ley de Jesucristo que la libertad de la ánima se había de pagar con la servidumbre del cuerpo. Nuestro Salvador a todos los que sanó de las enfermedades corporales curó primero de las de el ánima. San Pablo a Filemón (aunque era cristiano) no quiso privar del servicio de su esclavo Onésimo. Y ahora al que hacen cristiano quieren que pierda la libertad que naturalmente Dios dio al

---

25. LAS CASAS (1989), pp. 235-236.

hombre. Cada uno hace su hacienda, mas muy pocos la de Jesucristo».

Dios quiere que la fe se reciba libremente —insistía Salón en 1591—, pero es que, además, lo que recibían esos esclavos no era propiamente la fe y por eso la abandonaban en cuanto podían. Más aún: aunque alguno de ellos la recibiera voluntariamente, no se podía obrar el mal para obtener un buen resultado. No cabía, por tanto, tener como siervos a gentes que hubieran sido hechas tales de forma fraudulenta por más que se les convirtiera a la fe cristiana.

Molina (1593) llegaría a señalar a algunos con el dedo: no podía hacerse el mal para lograr un bien, y los obispos de Cabo Verde y Santo Tomé y las autoridades regias no debían consentirlo. Mejor sería que se enviasen ministros idóneos para predicar el Evangelio en aquellas regiones.

Además, no podían admitirse todas las injusticias enumeradas hasta aquí, en la forma de hacer y comprar esclavos, bajo pretexto de que, al ser adquiridos por cristianos, iban a ser cristianos ellos mismos —añadía Rebello en 1608—; esto era una iniquidad, porque no se podía hacer el mal —repetía por enésima vez— por conseguir el bien; menos aún teniendo en cuenta que muchos de esos negros no llegaban a las Indias occidentales por las pésimas condiciones de la navegación, y los que llegaban vivos no podían ser cristianados de la manera conveniente. En realidad, con las prácticas esclavistas, se ofendía a la religión cristiana y se escandalizaba a los infieles. ¿Quién no se ofendería al ver a los miserables negros, recién bautizados (porque todos recibían el bautismo antes de ser embarcados en África), enviados a perpetuidad a las minas por sus dueños cristianos? Eso, además, siendo así que *los secuaces de la secta de Mahoma* otorgaban la libertad y procuraban otros beneficios a los cautivos que se convertían a su perfidia. Nuestra fe debía ser enseñada con toda libertad —insistía Fragoso en 1641— y los negros así capturados no aceptaban libremente la fe y, si estaba en su mano, huían y la abandonaban.

En el fondo, el mismo Solórzano (1629) pensaba de este modo: se conseguía mejor la conversión a la fe en Cristo tratando bien a la gente que sometiéndola a esclavitud. Dios quiere —aseveraba— que el sacramento del bautismo se reciba siempre libremente y por medios y métodos suaves y oportunos, no por medio de la cautividad y el engaño.

Lo singular es que esta causa de la esclavitud de los negros, siendo tan contestada como vemos, sería casi la única (y decimos *casi* porque falta hablar de otra causa) que traspasaría el cambio de mentalidad operado en torno a 1791, cuando la ideología igualitarista francesa y el abolicionismo británico dieron al traste con la vieja justificación aristotélica de la esclavitud. Así, a comienzos del siglo XIX, el propio Blanco White se veía impulsado a repetir que *la propagación del Cristianismo era un bien pero no era menos fundamental de la moral cristiana que no se podía hacer mal con objeto de que resultaran bienes.* «Aun cuando todos los que allí reciben el bautismo hubieran de ser tan fieles a su nueva religión que por sus virtudes se viesen colocados después en los altares, esto probaría que la providencia sabe sacar bienes de los mayores males; mas nunca disculparía la acción criminal que fue ocasión de este bien»[26].

Otra cosa era que, como decía Miguel Salón en 1591, pudiera hacerse esclavo a aquel a quien había que hacerle la guerra porque pretendía impedir la predicación del Evangelio. Esto sí era lícito.

Avisos —todos éstos— inútiles. Al final, cuando se planteara la opción abolicionista, resultaría que había muchos que seguían pensando igual. En 1797, en su *Explicación de la doctrina cristiana acomodada a la capacidad de los negros bozales*, el sacerdote Duque de Estrada insistía en que los esclavos estaban mejor en Cuba que en África libres, donde sus almas se hallaban destinadas a la condenación[27]. Esto, pocos meses antes de que, lejos de allí, en la venezolana Catuaro, el cura intentara convencer a Humboldt «sobre la necesidad de la trata, sobre la malicia innata de los negros, y sobre las ventajas que saca[ba] esta raza de su estado de servidumbre entre los cristianos»[28].

El argumento de la civilización y la fe cristiana se repetiría aún durante más de medio siglo, al tiempo —es cierto— en que otros recordaban precisamente lo contrario: que el cristianismo exigía

26. BLANCO (1814), pp. 199-200.
27. Se trata de Antonio Nicolás DUQUE DE ESTRADA (1989).
28. *Cit.* HUMBOLDT y BONPLAND (1956), II, p. 105.

la abolición de la esclavitud. Bastaría, para ilustrar lo primero, la franca justificación que hizo Fernando VII en la cédula de 19 de diciembre de 1817 en virtud de la cual prohibía a sus súbditos la trata en el África negra:

> «Esta providencia, que no creaba la esclavitud, sino que aprovechaba la que ya existía para salvar de la muerte a sus prisioneros y aliviar su triste condición, lejos de ser perjudicial para los negros de África transportados a América, les proporcionaba no sólo el incomparable beneficio de ser instruidos en el conocimiento del Dios verdadero y de la única religión con que este supremo Ser quiere ser adorado de sus criaturas, sino también todas las ventajas que trae consigo la civilización, sin que por esto se les sujetara en su esclavitud a una vida más dura que la que traían siendo libres en su propio país» [29].

Añádase a ello el recuerdo del episcopado cubano de Antonio María Claret entre 1851 y 1857; en 1853, no dudó en incluir a los esclavos en una larga pastoral sobre los más diversos aspectos de la vida religiosa de la isla. Y lo que decía a unos y otros —esclavos y amos— era, en el fondo, que sublimaran la relación jurídica que existía entre ellos, sin cambiarla: aquéllos debían *amar, respetar y obedecer a sus amos, señoras, mayorales y demás superiores,* con la seguridad, además, de que, si actuaban así, serían bien tratados. Porque, a su vez, los amos y demás superiores tenían que cumplir, sencillamente, las constituciones sinoda-

---

29. *Cit.* MINGUIJÓN (1956), p. 727.

les del Arzobispado, las leyes de Indias y el vigente reglamento de esclavos, cuyos preceptos —que iban de lo material a lo religioso— les recordaba expresamente en la pastoral [30].

Pero es que, en 1862, don Ramón de la Sagra aún podía copiar esto de un periódico de la isla: «Los esclavos que hay en la isla de Cuba han sido arrancados a la más abyecta miseria y a la barbarie y a la idolatría; son tratados con la humanidad que nuestras leyes imponen a los patronos y que tan propia es del generoso corazón español» [31].

NOVENA CAUSA: EL PROVECHO DE AMÉRICA

Al cabo, unos y otros reconocían que los negros, sencillamente, hacían falta. «La experiencia de tantos años cuantos ha que se poblaron las Indias —reconocía el anónimo autor del escrito *Sobre las conveniencias que se siguen del Asiento de introducción de negros, que se ha tomado con Domingo Grillo y Ambrosio Lomelin* (1662)— ha manifestado la importante necesidad que hay en ellas de negros, por ser esta gente la más a propósito para la cultura de los campos, manejo de los ingenios y beneficio de las minas, y cuán sensible haya sido su falta en las ocasiones que se ha expe-

---

30. *Vid. Carta pastoral que el Excmo. e Ilmo. Sr. D. Antonio María Claret y Clará, Arzobispo de Cuba, dirige al pueblo de su Diócesis después de la santa pastoral visita,* en CLARET (1997), pp. 280-284.
31. *Cit.* SAGRA (1862), p. 45.

rimentado para estos ejercicios en que únicamente consiste la utilidad de aquellos Reinos»[32].

Más, si cabía, en el Brasil: *los esclavos son las manos y los pies del señor del ingenio* —sentenciaba Antonil en 1711, refiriéndose a la producción azucarera—; *porque sin ellos, en el Brasil, no se podría conservar y aumentar la hacienda ni tener ingenio corriente*[33].

Fue inusual la franqueza con que el francés Eyries dejó expedito el camino de la justificación en una memoria encaminada al rey de España por los años de 1783: *la religión, la gloria del Rey y la utilidad pública eran los únicos motivos que debían decidir a establecer factorías en África* —decía primero—. Pero añadía enseguida: *desgraciadamente, hacía falta procurarse las producciones del Nuevo Mundo despoblando una parte del Antiguo, y los negros eran las víctimas de nuestro lujo y de nuestras necesidades fácticas. Todas las reflexiones al respecto resultaban superfluas; hacían falta y, para conseguirlos, era preciso ocuparse de los medios que empleaban todas las naciones a fin de lograrlos*[34].

Sobre este punto, volvería la paradoja de la continuidad de la condena y de la persistencia del argumento. En los siglos XVI-XVII, ni un solo teólogo o jurista, de los que hemos mentado, aceptó la razón de que los negros hacían falta en las Indias,

32. *Cit.* VILAR (1971), p. 298.
33. ANTONIL (1711), p. 22.
34. *Cit.* VILAR (1971), p. 305.

aunque fuera cierto que dependiera de ello la felicidad de esos territorios y de sus gentes. Y, sin embargo, también este argumento cruzó el rubicón de 1791 y reapareció aquí y allá durante el siglo XIX.

Los deberes de los esclavos

Ahora bien, si esto quería decir que había justificación para la esclavitud, significaba que los esclavos que lo fueran en justicia tenían obligaciones con sus amos. Y eso también lo examinaron los teólogos y juristas que vamos mencionando.

Claro que con conclusiones distintas. Molina (1593) fue sin duda quien lo examinó con mayor detenimiento. Y sus conclusiones fueron prístinas: no había duda de que una persona que hubiera sido sometida injustamente a esclavitud podía huir de su dueño cuando y como quisiera. No, en cambio, los que se hubieran vendido a sí mismos, o hubieran sido enajenados por sus padres de forma justa, o hubiesen nacido de madre esclava, o hubieran sido condenados a esclavitud perpetua por sus delitos: éstos tenían el deber moral de permanecer con sus amos y servirlos.

En cuanto a los cautivados en guerra justa, la cuestión era más dudosa: hablando en general, sin referirse precisamente a los negros, Soto y Covarrubias habían dicho que era lícito que huyeran, con tal —había precisado Covarrubias— de que lo hiciesen para salir del territorio de soberanía del príncipe correspondiente. Una vez fuera, quedaban en libertad. Pero, mientras no saliesen del territorio, seguían siendo esclavos. Por tanto, si se quedaban en él, tenían obligación de regresar a servir a sus dueños.

Lo mismo alegaría Rebello en 1608: el esclavo hecho en guerra justa podía huir, aunque sólo cuando entraba en el territorio de los suyos quedaba en libertad.

Molina, en cambio, se inclinaba por la opinión más dura: un siervo hecho en guerra inequívocamente justa, tenía obligación, bajo pecado mortal, de servir a su amo.

Por su parte, Fagúndez (1640) se limitaba a exponer el planteamiento de Molina, sin resolver la duda sobre la fuga de los siervos hechos en guerra justa. Pero añadía un elemento de notable interés: el de la prescripción de la libertad, fuera lícita o no la huida. Bien entendido que se limitaba también a exponer lo dicho por otros, sin resolverlo. Si el siervo había huido de buena fe, la libertad prescribía a los diez años; si de mala fe, a los treinta.

Los negreros y sus problemas de conciencia: el muestrario de Sandoval

Fijadas así las razones, había que aplicarlas. Y los primeros europeos que tenían que ver con aquel proceso maligno eran los negreros. Ahora bien, Rebello recordaba en 1608 que el obispo de Cabo Verde don Pedro Brandano había asegurado que, de los tres mil mercaderes de esclavos que había en esas islas, sólo doscientos se confesaban por cuaresma. Lo cual era señal de que era mala gente.

Y, sin embargo, en 1627, el jesuita Sandoval dejó constancia de *cuán inquieta traían la conciencia muchos de estos armadores, aunque no por eso se remediaban*. Y mencionaba varios casos que se le habían propuesto durante los treinta y ocho años que llevaba dedicados a cristianar a los negros llevados del África a Cartagena de Indias:

> «Uno me dijo en toda puridad que no sabía cómo sosegar, porque tenía la conciencia inquieta cerca del modo como traía aquellos negros, por parecerle la había en Guinea encargado en la manera que había tenido en adquirirlos. Otro que trajo al pie de trescientas piezas, me dijo otra vez casi lo mismo, y añadió que tenía por cierto no habría entre los negros la mitad de las guerras que había, si supiesen no habían de ir los españoles a rescatarles negros. En cierta ocasión se llegaron dos armadores de negros de los puertos de Angola a consultarme un caso, queriendo saber de mí si era lícito el modo como traían cautivos sus negros y si la razón que daban era fuerte: porque ellos entre sí estaban desconformes [*sic*], y querían asegurarse con mi parecer. Oíles y respondíles. El caso propuesto fue:
> »—Padre, yo voy por negros (pongo caso) a Angola, paso en el camino grandes trabajos, gastos y muchos peligros: al fin salgo con mi armazón, séanse los negros bien habidos, séanse mal. Pregunto, [¿]satisfago yo a la justificación desde cautiverio con el trabajo, expensas y peligro que tuve en ir y venir, hasta llegar a poderlas vender en tierra de cristianos, donde lo quedan siendo, que allá quedan gentiles toda su vida?
> »Díjeles:
> »—Vayan vuesas mercedes desde aquí a San Francisco, que está algo lejos, y en llegando corren

el cordel de la lámpara, y llévensela a su casa, y si cuando la justicia les prendiera por ladrones y los quisieren ahorcar, como poco ha ahorcó a otro que hurtó la de Santo Domingo, les dejaren por decirle que no hurtaron la lámpara, sino que la habían tomado para satisfacer con ella el trabajo que habían pasado en ir de aquí allá por ella: si por esta razón, como digo, la justicia aprobare la justificación de su trabajo y no les castigare, diré traen con buena fe sus negros, y que la razón en que se fundan es buena. Y, si no, díganme si cuando llegan a este puerto les saliese Pie de palo [35] al encuentro con una escuadra de sus urcas, y les cogiese como suele los negros, y preguntándole que con qué conciencia les quitan sus negros, le respondiese que con muy buena, supuesto que los gastos y costos que él había traído en su alcance eran mucho mayores que cuanto valían los negros: [¿]qué le responderían[?,] [¿]qué fuerza le haría su escusa [sic] y razón?, que esa respuesta que le dieran a Pie de palo pueden aplicarla para sí, que tan satisfecho quedo yo con su escusa [sic] como lo quedarán vuesas mercedes con la deste pirata.

»A esto se volvió a él su compañero y le dijo con despecho:

»—Ahora, vive Dios, que sois estraño [sic], [¿] no os dije yo que no preguntásedes nada a estos padres? Catad aquí ahora cuál quedamos en nuestros pensamientos y corazones» [36].

---

35. Se refiere seguramente al corsario francés François le Clerc, que hostigó la isla de Santo Domingo y su entorno desde 1552.

36. SANDOVAL (1647), pp. 95-96. En todo este diálogo, no hay puntos y aparte, que introduzco aquí para hacer más fácil la lectura.

«Otra vez me envió a llamar otro destos armadores, que traía algunos negros, estando enfermo, para que le resolviese cierto caso de conciencia, y ya resuelto, le pregunté qué sentía del modo del cautiverio de los negros que venían de Guinea (venía él della), respondióme dando juntamente gracias a Dios, porque él no traía sino pocos, y a su entender con buena conciencia. Pero que no podía dejar de sentir mal de lo que había visto pasaba en algunos navíos, y era el ver que salían algunas veces de las naos por cautivos aquellos que entraban libres: y otras veces veía que aguardaba el capitán a entregarse de algunos negros que compraba a menos precio de otros negros a media noche y a escondidas.

»Otro vino a mí muy ufano y me dijo si gustaría de oír el modo como había hecho en Guinea toda aquella armazón que traía, y sería de trescientas piezas, y mostrando recibir mucho gusto del ofrecimiento, porque lo deseaba: dijo que luego que llegó a Guinea dieron aviso al rey, el cual le envió a llamar y se informó de cuántas y cuáles piezas quería, y para qué tiempo, y que habiéndole dado razón de todo, le había dicho que volviese de allí a tantas lunas y llevase el rescate que concertaron le había de dar por ellas, porque él se las tendría a punto. Con esto me dijo se había despedido el rey, y vuelto con la paga al tiempo señalado, en el cual le había entregado las piezas que allí vía, las cuales el rey había habido para dárselas de la manera que diría. Y dijo que, así como era costumbre de aquellos reyes tener muchas mujeres, así también lo era que el que le cometiese adulterio con cualquiera dellas, fuese cautivo con toda su generación; valióse el rey desta ley para hacer su negocio, dando licencia a muchas dellas, para se fuesen a convidar a cuantos las quisiesen, señalándoles tiempo limitado, el cual pasado las mandó recoger e hizo exacta pesquisa de los que las habían habido, y después de averiguado, a ellos y a sus parientes y deudos prendió, castigó, mató y cautivó, y que de aquéllos eran los que le había vendido. Admiréme mucho de su relación, y mucho más del gusto con que me la refería: y no sirvió mi respuesta sino de admirarse él mucho más de mi sentimiento. Que fue que aunque la compra destas piezas pudo no ser culpable, respecto de los malhechores: pues ya aquéllos cometieron delito grave de adulterio, por el cual sabían y debían saber que se sujetaban a la pena de la ley. Pero la venta en el rey fue muy culpable, por haber usado de una tramoya, maraña y malicia tan grande, con que se manifiesta la que esta gente tiene y usa en sus tratos y contratos, y el cuidado que es bien se tenga cuando con ellos se contrata, porque no padezcan injustamente los inocentes» [37].

«Estas y otras relaciones que me han hecho capitanes y señores de negros que han venido destos Reinos, me han traído siempre muy perplejo en este trato. Pero de donde más razón he tenido de dudar, ha sido destos negros que [...] llaman de los ríos; negros de ley que vienen de los puertos de Guinea, principalmente del de Cacheo, donde entran las naos de registro que van al rescate de negros, que lo ordinario es por este orden. En llegando el mercader o dueño de la nao al puerto, vende las mercaderías que lleva, como paños pintados de la India de Portugal y comunes para vestirse, que son al modo de las mantas de que usan los indios: y también vino, ajos, cuentas, hierro (cosas todas que

---

37. *Ibidem*, p. 96-97.

los negros apetecen y piden) a lo vecinos portugueses que están allí poblados, a quienes llaman tangomaos, a trueque de negros, los cuales tienen sus agentes, que llaman mochilleros, cuyo oficio es ir la tierra adentro con aquellas mercaderías: a buscar rescate de negros, que les dan por ellas y traen a buen recaudo. Éste es el modo en este principal puerto».

«En el de los berbesíes y jolofos, se rescatan los condenados por sus delitos y guerras. Las guerras se traban de ordinario por respecto de cuentos y chismes, que corren muchos entre sí, y por hurtos. Los delitos son comúnmente adulterio, homicidios y hurto: y en cometiendo semejante delito se juntan todos los viejos de la República en medio de la plaza, y parece allí el delincuente, y votan sobre la pena que le han de dar, que a los más votos queda condenado a muerte o a cautiverio, que es lo ordinario, y así queda esclavo del rey con todos sus descendientes, el cual como a tales, o los vende, o ocupa en sus labranzas. Y en el puerto de los bijogoes se rescatan innumerables negros, cuyo cautiverio referiré puntualísimamente. Salen estos bijogoes (gente que a hurtar y robar anda en corso) de sus tierras, después de haber ido su capitán a la casa de los muertos a ofrecerles en sacrificio vino y algún animal (son los muertos unas cabezas de vacas y de carneros y de otros animales, llenos de mil inmundicias y muy aforradas de paño, y tan embarnizadas de la mucha sangre que les echan, que es asco verlas. También veneran, diciendo son sus muertos, a unos haces de leña muy bien atados, que huelen malísimamente por causa de la mucha sangre que encima dellos han derramado, a quienes reverencian por dioses). Acabado el sacrificio se levantan muy consolados, que parece se les ha revestido el demonio en el cuerpo, sacando dos veces antes de embarcarse (que es su juramento) agua del mar el capitán con unas cornamentas, y bebe, con que queda obligado a pelear y cautivar a todos cuantos encontrare, aunque sean sus parientes, sus amigos y conocidos, o de sus mismas islas. Hecho esto se embarcan en canoas, al modo de las que navegan el río grande de la Madalena, pero tan grandes, que caben en cada una cincuenta negros esforzados guerreros con su capitán y piloto, todos bogando con tanta furia, que la llevan volando por los esteros y ríos la tierra adentro, hasta emboscarse donde oyen bailes de negros, principalmente biafaras, cuyos Reinos tienen destruidos, que en ellos, más que en otras naciones, se estreman [sic], acercándose a ellos de noche, y al cuarto del alba, cuando cansados de bailar se quedan dormidos, dan sobre ellos y los cogen y amarran y llevan a sus tierras: y aunque algunos huyen con tanta priesa, y con tanto miedo, que tras cada paso que dan para ausentarse, les parece que hallan diez para detenerlos, los alcanzan, prenden y cautivan y entregan a los portugueses, a quien los venden, habiendo primero sacrificado a sus dioses parte del cabello, que de las barbas que algunos tienen y cabeza han cortado a los cautivos»[38].

En cierta ocasión —aseguraba Sandoval (lo que sabemos, de otra parte, por otras fuentes), el armador que llegó con negros de Guinea a Cartagena de Indias era un clérigo; fue a verle Sandoval, hablaron de la justificación de la trata, de lo que decía el teólogo jesuita Luis de Molina sobre la in-

38. *Ibidem*, pp. 97-98.

justicia de las guerras con que se hacían los esclavos, y el clérigo se cerró en el argumento de que, en aquellos Reinos del África, no había ningún negro libre, sino que todos eran esclavos del rey; «que así como acá tiene un señor, para su granjería, grandes hatos de vacas y crías de otros animales y otras cosas de regalo, así allá en Guinea tenían los reyes, para su renta y mayor grandeza, aquellos negros, los que vendían a quienes querían, con imperio y mando absoluto». «Reíme mucho de oír tan gran quimera, que fue la respuesta que le di, y la que merecía: pero después acá he visto que corre esto allá en Guinea, por una información que ha llegado a mis manos, contra un negro que vino de aquellas partes y pretendía su libertad ante la justicia: la cual bien ponderada, aunque el intento della era probar su esclavitud, creo no se hallará mejor probanza para su libertad»[39].

El problema de averiguar la licitud de la esclavitud de cada ser humano concreto

Por todo lo cual concluía fray Tomás de Mercado en 1571 aquello de que *era y había sido siempre pública voz y fama que de dos partes de los negros esclavos que salían de África, la una era engañada o tiránicamente cautiva o forzada.* Unos años antes, fray Bartolomé de Las Casas ha-

---

39. *Ibidem*, p. 98.

bía hecho otro cálculo semejante: de cien mil no se creía que había diez que hubieran sido hechos esclavos legítimamente[40].

Todos los hombres eran libres por naturaleza, explicaba Moirans (1682) con especial clarividencia. La libertad que procedía del derecho natural no podía ser abolida por derecho humano y exigía que no pudiera realizarse nada en perjuicio de ella. Ciertamente, por usar mal de su libertad, Adán la perdió: por el pecado, no sólo se introdujo la muerte temporal, sino también la muerte civil, que era la esclavitud. Pero, así como nadie era condenado a muerte por los hombres sino por el pecado, nadie podía ser condenado a la esclavitud sino por el pecado. Solamente por el pecado se hacían siervos y —añadía— con autorización de los poderes públicos.

No bastaba, por tanto, que el esclavo hubiera pecado, sino que hacía falta que lo hubiesen declarado el príncipe o el juez competente.

Ahora bien, siendo así que, en Cabo Verde y en Guinea, no había reyes (así lo creía él), sino que cada uno vivía a sus anchas, nadie podía ser esclavo con justo motivo[41].

Si se sabía o se consideraba probable que los esclavos lo fuesen porque se hubieran vendido a sí mismos o porque habían sido capturados en guerra justa, y sólo en ese caso, era lícito comprarlos, ha-

---

40. LAS CASAS (1989), p. 267.
41. *Cfr.* LÓPEZ GARCÍA (1982), pp. 199-202.

bía advertido don Martín de Azpilcueta [42]. Pero ¿cómo cabía suponer una cosa así cuando todos aseguraban que lo normal era lo contrario?

Claro que cabía tener la desfachatez de decir que no era así lo que todos decían que así era, y eso además a cientos de leguas. Por raro que parezca a estas alturas del relato, es lo que hicieron los del Consejo de Indias en 1685 al asegurar al rey Carlos II —conociendo como conocían todo lo que habían contado Molina, Sánchez, Solórzano, Rebello, Palau, Fragoso, Fagúndez y Avendaño sobre tal argumento— que, *examinando los mercaderes que iban a esta negociación que los que compraban estaban sujetos a la servidumbre por cualquiera de estos títulos* que ya conocemos (guerra justa y demás), *la tenían por lícita* [43].

Puestos a justificar la compra de esclavo, era más serio hacer caso omiso de toda esa cuestión del origen de cada siervo. Es lo que había hecho el dominico Francisco de Vitoria cuando fray Ber-

---

42. La intervención del Doctor Navarro no es segura. SOLÓRZANO (1994), p. 426, remite concretamente al *Manuoli,* cap. 23, n. 96, de don Martín de Azpilcueta, el Doctor Navarro, como uno de los autores que se planteó estas cosas. Sin embargo, el Navarro no habló en su *Manual de confesores y penitentes* sobre el problema de la esclavitud; por otra parte, ese *Manual* fue progresivamente engrosado después de su muerte y es posible que el tema se incluyera en alguna de las ediciones. Lo que sí aportaba el *Manual* eran los elementos de juicio y los criterios de conducta de carácter general que se podían aplicar al caso de los negros. Es esto, al menos, lo que deduzco después de examinar al propio AZPILCUETA (1554).

43. *Apud* SCELLE (1906), I, p. 839.

nardino de Vique le preguntó sobre esa cuestión: si los esclavos habían sido hechos tales en guerra entre negros, no había inconveniente en adquirirlos, sin entrar en si la guerra había sido o no justa; «... los portugueses no son obligados a averiguar la justicia de las guerras entre los bárbaros. Basta que éste es esclavo, sea de hecho o de derecho, y yo le compro llanamente».

Como argüiría fray Francisco García (1583), la duda afectaba a todos los esclavos negros en general, pero no necesariamente al esclavo particular y concreto que se adquiría y, en este caso, consecuentemente, no existía problema moral.

En realidad, dejar de sospechar de uno cuando se sospechaba de todos era harto improbable y, *de facto*, los más de estos teólogos y juristas de quienes hablamos sentenciaban que había que asegurarse de que cada esclavo concreto lo era justamente.

En donde había divergencia era en la cuestión de quién tenía que asegurarlo. Los mercaderes aducían que los negros vendedores (porque eran negros los que vendían a sus hermanos de raza, según vamos viendo) se negaban a dar razón de la legitimidad de la servidumbre de aquellos que ofrecían en venta. Y no había manera de averiguarlo. Esto era al menos lo que aseguraba Molina en 1593 que alegaban los mercaderes portugueses: los vendedores negros respondían de mala gana a las preguntas que se les hacían; cosa, por lo demás, natural en todos los vendedores de todos los tiempos y lugares, apostillaba el jesuita.

Así que —concluyó algún teólogo— no se podía exigir lo imposible a los mercaderes y, por tanto, el tráfico era lícito si la compra se hacía de buena fe.

La responsabilidad de los reyes y obispos y de los eclesiásticos en general

Quienes tenían que hacer la averiguación de algún modo eran el rey de Portugal —claro está que por medio de sus delegados— y los obispos, priores y confesores de Cabo Verde y la Guinea. Pero esto último ya lo había rechazado el maestro Francisco de Vitoria cuando se lo preguntó fray Bernardino de Vique: «Verdad es que, si alguna cosa de inconveniente o injusticia se afirmase por muchos por cosa cierta, no me osaría a tener universalmente a esta excusa: que el rey lo sabe y los de su Consejo. Los reyes piensan a las veces del pie a la mano, y más los del Consejo»; aunque, como había dicho al principio de la carta donde manifestaba esta opinión, no le parecía verosímil que sucediera eso, o sea, que el rey de Portugal actuara mal.

Ciertamente, no todos pensaban esto último. De la responsabilidad de don Enrique el Navegante, concretamente, no tenía duda fray Bartolomé de Las Casas a mediados del siglo XVI, cuando recordaba cómo había empezado el tráfico, en la primera mitad del XV: «... que él tuviese culpa y fuese reo de todo ello, está claro, porque él les enviaba y mandaba [a los navegantes de Portugal] y, llevando parte de la ganancia y haciendo mercedes a los que traían las semejantes cabalgadas, todo lo aprobaba, y no cumplía con decir que no hiciesen daño, porque esto era escarnio»[44]. Y lo mismo pensaba fray Francisco José de Jaca (1681) del rey, los jueces, los gobernadores y demás «conservadores de la república»: eran tiranos y culpables civil y teológicamente de la esclavitud injusta[45]. Y no había autoridad religiosa —ni aun pontificia— que pudiera decir otra cosa[46].

Había, en suma, entera responsabilidad en las autoridades eclesiásticas y civiles. Lo había dicho ya el jesuita Molina en 1593 al llamar la atención sobre el hecho de que ni el obispo de Cabo Verde ni el de la isla de Santo Tomé, ni los sacerdotes que residían aquí o allí habían expresado ningún escrúpulo por que nadie se confesara de esas cosas.

Rebello (1608), suscribiendo lo que decía Molina, añadía que no obraban mal quienes adquirían esclavos cuya legitimidad hubiera sido examinada y comprobada por mandato del rey, que era quien tenía que hacerlo. Esta conclusión —apostillaba el jesuita portugués— era admitida por todos los maestros de esta Provincia de la Compañía y debía ser aceptada por todos.

Lo cual permitiría en la consulta de 1685, a los del Consejo de Indias, ampliar la responsabilidad hasta el propio papa: la trata se llevaba a cabo *a*

---

44. Las Casas (1989), 246.
45. *Apud* López García (1982), 149.
46. Cfr. *ibidem,* p. 173.

vista y paciencia de todos los eclesiásticos y de Su Santidad, que en tan dilatado tiempo no había podido ignorar esta negociación. «Y en las Indias desde el año de mil quinientos dies, [...] así eclesiásticos como seculares se han servido de estos esclavos, para todo género de ministerios, sin eceptuarse [*sic*] las religiones, pues todas los tienen en copioso número en sus haciendas, como es la de Santo Domingo en la de Palpa, junto a Charcas, y en todas las demás que tienen del Perú y Nueva España y la de la Compañía y San Agustín y la Merced, sin que en esto hayan puesto escrúpulo, y en España está también practicado»[47].

Sólo que la existencia del tráfico negrero equivalía a culpar gravemente a las autoridades hasta el límite incluso al que llegaba el capuchino Moirans en 1682, cuando decía aquello de que los reyes y los príncipes cristianos que tenían autoridad sobre los Consejos Reales, el Comercio sevillano, la Sociedad parisiense, el Comercio de los ingleses, el de los portugueses principalmente y el de los holandeses, todos los comerciantes, los que transportaban y compraban y vendían esclavos, todos los señores que los poseían, eran dignos de muerte[48].

Moirans, en efecto, no le hacía ascos a criticar a los monarcas, como cuando apuntaba contra el sistema de *asientos* que a la sazón regía en el tráfico negrero: le extrañaba grandemente *que llegase*

---

47. *Apud* SCELLE (1906), I, p. 840.
48. *Apud* LÓPEZ GARCÍA (1982), p. 216.

a tanto la malicia de la ceguera de los españoles, que se atrevieran a efectuar tal disparate, como era ese contrato con holandeses y británicos. Hablaba de los *españoles*, pero es obvio que no excluía al rey. Los tildaba de *ciegos de malicia, no de pasión; porque el beneficio no era para provecho de los españoles, ni para beneficio económico del rey y de los individuos que efectuaban tales contratos, puesto que los ingleses y holandeses se llevaban la plata y el oro traído de España, cambiándolo por conchas de mar, con las cuales compraban los negros. Eso, para no hablar de que este comercio resultaba entregar armas a los enemigos de la fe y entregar la Monarquía a rebeldes al darles tantos millones por los esclavos. De donde resultaba contra el derecho y el bien político de toda la Monarquía*. Adquiriendo los negros, esclavizados dolosamente, *los españoles se hacían reos de todos los crímenes de los holandeses y de los ingleses y les daban ocasión para efectuar estas iniquidades al comprarles los esclavos, que no eran tales con título legítimo* [49].

LA RESPONSABILIDAD DE LOS MERCADERES

Era la primera posibilidad: que toda la responsabilidad recayera en los reyes y autoridades eclesiásticas. La segunda la defendían otros más: que,

---

49. *Ibidem*, p. 232.

si las autoridades civiles o eclesiásticas no daban solución, eran los mercaderes quienes tenían que encontrarla.

Era lo que concluía tácitamente Martín de Azpilcueta, el *Doctor Navarro*, al afirmar que los mercaderes estaban obligados a manumitir a los negros que compraban, estando como estaban en la presunción de que habían sido sometidos a servidumbre injustamente[50], y en 1571 fray Tomás de Mercado al condenar el tráfico según hemos visto: vender y comprar negros en Cabo Verde era lícito y justo de suyo, pero pecado mortal de hecho. Lo ratificaba dos años más tarde don Bartolomé Frías de Albornoz, en este caso en relación con los negros de *Etiopía* y con «los que por su propia autoridad arman para ir a aquellas partes y roban esclavos, que traen, o compran de los otros que han robado. Esto —advertía— es cosa clara que es contra conciencia, porque es guerra injusta y robo manifiesto, no respecto de que entran en la tierra que es de otro Reino, sino que no tienen autoridad para lo que hacen y es contra todo derecho (divino y humano) enojar a quien no les ha enojado, cuánto más privarlos de su libertad y ponerlos en servidumbre, que es igual a muerte».

Lo mismo concluía Molina en 1593: cuando era voz común, como reconocían los propios mercaderes, que entre los negros era relativamente frecuente que, por el delito de uno, fuesen convertidos

---

50. Remitiendo a Azpilcueta, lo dice SÁNCHEZ (1681), t. I, lib. I, cap. 1, dub. 4, n. 10, p. 5.

en esclavos la esposa, los hijos o los hermanos, aquéllos no podían comprar un siervo sin averiguar antes si era producto de una de esas irregularidades. Y lo mismo cuando se trataba de hijos o esposas de alguien que pudiera haberlos vendido por una causa leve o por mero capricho. En último término, si los mercaderes no querían ponerse a indagar sobre la legitimidad de un esclavo, no podían comprar ninguno en conciencia; cometían pecado al comprarlos y, además, si lo hacían, quedaban obligados a llevar a cabo la indagación o a dar la libertad al comprado.

Este negocio de adquirir esclavos de infieles y transportarlos desde sus territorios de origen —sentenciaba el jesuita para que no cupiera duda— era injusto e inicuo y todos los que lo ejercían pecaban gravemente y estaban en estado de condenación, a no ser que alguno lo hiciera con ignorancia invencible, en la cual se atrevía Molina a afirmar —lo hemos visto— que no se hallaba ningún mercader.

Años después (siempre antes de 1610), y remitiendo al *Doctor Navarro*, el jesuita Tomás Sánchez concluía en lo mismo sin entrar en matices: los mercaderes, portugueses o no, que compraban los negros en África pecaban mortalmente y estaban obligados a manumitirlos, a no ser que, hecha la debida averiguación, hubieran comprobado que la servidumbre de esos negros concretos era lícita.

Aunque pudiera tenerse por lícita la compra de negros que se llevaban luego a Portugal desde las dos Guineas, Angola y la Cafrería —concluía igualmente Baptista Fragoso en una obra publicada en

1641—, *parecía casi cierto* —hablaba el moralista— que esa negociación era injusta e ilícita, incluso en el caso —frecuente— de que los mercaderes guardaran las normas dadas por el monarca portugués. Era un problema de probabilidad: podía no ser cosa segura, pero siempre era muy probable que tales negros hubieran sido esclavizados injustamente. Otra cosa eran —recordaba— los capturados en las justas guerras que habían tenido lugar en Angola y Monopotamia (como decía Rebello).

Le parecía tan claro que los mercaderes portugueses pecaban mortalmente con ese *infame e ilícito mercado* y que quedaban obligados a restituir, que el también portugués Fagúndez suponía en 1640 que quizá era ésa la causa de que *Dios castigara a este Reino de Portugal con calamidades y desgracias*. Corrían justamente los días de la separación de España. Aunque Fagúndez matizaba enseguida su afirmación y añadía que, si los mercaderes habían adquirido los negros de buena fe y luego habían dudado de su legitimidad, podían retenerlos porque, *en este caso, era mejor la condición del poseedor.*

¿De buena fe? ¿Pero es que cabía ignorarlo todo? «... la ignorancia que les puede competer no es otra que la de Judas vendedor y de los judíos compradores de Cristo Jesús», respondía fray Francisco José de Jaca (1681)[51].

---

51. *Apud* LÓPEZ GARCÍA (1982), p. 130.

La responsabilidad del segundo y tercer comprador

Como vemos, la mayoría de los teólogos y juristas que hablaban de estas cosas no sólo condenaban la esclavitud de los negros, sino que culpaban moralmente del tráfico a las autoridades o a los mercaderes. Ahora bien, los que compraban los esclavos a los mercaderes y los compradores sucesivos, o sea, los que se implicaban en una segunda, tercera o posterior transacción, ¿qué veredicto merecían? Esto ya era otra cosa. Y cosa principal; porque, de la manera de resolverlo, dependía el que hubiera o no esclavos en América. Podía estar muy clara la culpabilidad de los reyes y obispos y de los mercaderes de esclavos. Pero nada se había avanzado —para eliminar la esclavitud— si éstos campaban por sus respetos y los que los compraban a los mercaderes no pecaban en cambio.

Pues bien, eso es lo que ocurrió. En realidad, al llegar a este punto, los teólogos y juristas de los siglos XVI y XVII volvían a divergir: unos opinaban que los segundos y sucesivos compradores no estaban obligados a comprobar la justicia de la esclavitud de aquel a quien quisieran comprar, y otros, en cambio, sostenían que sí, que se hallaban tan obligados a averiguarlo como pudieran estarlo los compradores primeros (los europeos que adquirían los esclavos de mano de los vendedores negros). Estos últimos moralistas, por tanto, rechazaban la esclavitud de los negros en todos los casos.

Pero no fueron escuchados.

La primera aseveración —la de que el segundo y sucesivos compradores no tenían por qué entrar en pesquisas— había sido formulada por el primero de todos los teólogos de que hablamos, el maestro Francisco de Vitoria, con ligereza inusual en él: lo mejor —comenzaba diciendo en la carta a fray Bernardino de Vique que hemos citado varias veces— era no planteárselo; «... [a] quien anduviere a examinar las contractaciones de los portugueses [...] no le faltarían achaques en que parar. El remedio general es que los que les cabe parte de aquello no curen de andar en demandas ni respuestas, sino que cierren los ojos y pasen como los otros». Y lo mismo concluirían Miguel Palacios [52] (1585) y el jesuita Sandoval (1627), este último, pese a que remitía a Molina, cuyos distingos hemos de ver después: la prohibición de comprar esclavos a los negros —decía Sandoval— concernía sólo a los mercaderes, no a los que los adquirían de reventa, aunque fuera en los puertos de Cabo Verde e incluso en los de la isla de Santo Tomé y Loanda, en Angola; puesto que los compraban de tercero, cuarto o más poseedor [53].

Ya hemos visto que, al preparar la segunda edición de su obra, en uno de los ejemplares de la primera que usó para ello, encontró una anotación puesta al margen por alguien donde se argüía lo contrario: que a quien andaba en busca del humo

---

52. Según SÁNCHEZ (1681), t. I, lib. I, cap. 1, dub. 4, n. 11, p. 6, que remitía a él.
53. SANDOVAL (1647), p. 99.

no le faltarían lágrimas en los ojos y amargura en el corazón.

Pero también dijimos que Sandoval replicaba diciendo que *doctores tenía la Iglesia y ya se había referido a parte de ellos,* a quienes se remitía por tanto [54]. Él mismo, como parte de una comunidad jesuítica, reconocía tener esclavos para su servicio sin escrúpulo alguno [55].

Era consciente Sandoval de que esto implicaba adquirir esclavos que no debían serlo. Pero aquí se imponía el realismo evangelizador otra vez: no eran muchos —se atrevía a asegurar— *y perderse tantas almas por algunos mal cautivos, sin saber cuáles eran, podía no ser tanto servicio de Dios por ser pocas, y las que se salvaban ser muchas y bien cautivas* [56].

Bien sabía, no obstante, que no todos pensaban así. Si había duda sobre la licitud de mantener como siervo a alguien y no era posible averiguar quién, *omnes liberi dimitti debent,* habían sentenciado Solórzano y Rebello y había aceptado Molina, como vimos, recordando que todos los indios de América habían sido declarados libres, entre otras cosas, por la presunción que les favorecía [57]. Pero Alonso de Sandoval se inclinaba por la opinión del padre Luis Brandaon, rector del colegio jesuítico de San Pablo de Loanda, que le había he-

---

54. *Ibidem.*
55. *Ibidem,* p. 100.
56. *Ibidem,* p. 101.
57. *Ibidem.*

cho ver en 1611 una distinción capital: que los indios tenían por sí la presunción de ser libres, en tanto que los negros carecían de ella[58].

Es lo mismo que diría mucho tiempo después, en 1794, el gobernador de la Capitanía de Bahía que denunció a un capuchino italiano que predicaba contra la esclavitud: no era posible entrar en averiguaciones sobre el origen justo o injusto de la servidumbre del esclavo vendido a un segundo o posterior comprador[59].

Otra cosa es que constase a ciencia cierta la ilicitud de la esclavitud de unos hombres concretos. En ese caso, no era lícito comprarlos, tampoco en reventa: «... es doctrina tan cierta y averiguada o ley natural ésta de no permitir esclavitud con injusticia —reconocía Sandoval—, que las mismas leyes civiles, que suelen permitir o disimular algunos abusos que sólo Dios los puede estirpar, no disimulan éste; antes mandan que, cuando constare la violencia o engaño que se les ha hecho, se les restituya perfectamente su libertad»[60].

La realidad es que Molina (1593) había matizado mucho más según hemos visto y hemos de repetir aquí: todos los que compraban de buena fe un esclavo (que eran a su entender todos los propietarios de esclavos por regla general) lo retenían lícitamente. Claro está que, si llegaban a saber que un esclavo concreto había sido sometido a esclavi-

---

58. *Ibidem.*
59. En este sentido, *vid* LARA (2000), cap. 1.
60. SANDOVAL (1647), p. 103.

tud de forma injusta, tenían que ponerlo en libertad, sin que pudieran reclamarle su valor. A quien podían reclamárselo era al vendedor. Ahora bien, si alguien llegaba a saber que la mayoría de los siervos que se traían del África habían sido hechos de forma injusta, no podía en conciencia comprarlos de los mercaderes que los traían, aunque sí de aquellos —segundos o sucesivos compradores— que los poseían de buena fe y aunque quedaban obligados a hacer la averiguación pertinente. Si no podían enterarse de la verdad —como sucedía ordinariamente—, podían lícitamente retener al esclavo.

Los también jesuitas Tomás Sánchez (antes de 1610) y Diego de Avendaño (1668) repitieron lo que decía Molina, pero distinguieron más claramente entre el mercader, el segundo comprador y los sucesivos: el segundo comprador —o sea, el primero que compraba un esclavo a un mercader que lo hubiera adquirido en África de algún otro negro— tenía que averiguar si aquél había sido cautivado justamente. En cambio, no tenían que hacerlo los que adquirieran sucesivamente a ese esclavo, entre otras cosas porque ya era imposible averiguarlo.

Sin hacer este distingo, al afirmar que quien tenía dudas de la legitimidad de su esclavo podía retenerlo mientras no consiguiera averiguar la verdad, advertía Pedro de Ledesma (1598) por su parte que, en tanto, no podía deshacerse de él, vendiéndolo a otro o mandándole a tierra lejana. Y Rebello añadía en 1608, tras repetir tácimente las conclusiones de Molina, que al esclavo a quien, por haberlo sido de modo injusto, había que liberar, era necesario también resarcirle de los daños que se le hubieran causado y restituirle todo aquello en lo que se hubiera enriquecido el dueño con su servicio; cosa esta última en la que insistiría asimismo fray Francisco José de Jaca en 1681 [61].

Por cierto que la postura de Rebello (según el cual sólo era lícito comprar esclavos cuya legitimidad asegurasen los delegados regios) tenía consecuencias singulares: si algún mercader, procediendo con dolo, mezclaba esclavos justamente comprados con otros que lo hubieran sido de forma injusta, de tal manera que después era imposible averiguar cuáles eran unos y otros, debía perderlos todos. Pero, si los había mezclado sin culpa, debía decidir por sorteo a quién manumitía.

Fragoso (1641) reducía el alcance de esta afirmación de Rebello advirtiendo que el sorteo había de hacerse con el consentimiento de todos; de manera que, si lo rechazaban los interesados, el mercader podría venderlos a todos como propios, y esto porque, en tal situación, no estaba obligado a una pérdida tan grande como la que se seguiría de liberarlos a todos.

Llegados a esto, mucho más imaginativa e importante sería la propuesta del también portugués Riberiro Rocha (1758): la esclavitud, recordaba por enésima vez, sólo estaba permitida en tres casos: por captura en *guerra pública, justa y verdadera,* como castigo por delitos proporcionadamen-

---

61. *Vid.* LÓPEZ GARCÍA (1982), p. 160.

te graves o por venta de un hijo por un padre como remedio de una indigencia extrema que amenazara la vida de aquél. Y no era ése el origen de los esclavos que se adquirían en *Guinea, Cafraria y Etiopía,* sino el hurto, la piratería, las falsedades, los embustes y semejantes modos a que recurrían unos negros para hacer cautivos entre sus semejantes y venderlos. Cierto que a los esclavos se les hacía un gran bien, sobre todo al cristianarlos. Pero esto no validaba la posible adquisición ilícita, sino que impulsaba más bien a buscar *otra* manera de adquirir, visto además que era casi imposible —al segundo y sucesivos compradores— averiguar lo sucedido a cada esclavo concreto. Así que proponía una fórmula nueva: que, en vez del *dominio* (*ius dominii*) sobre esas personas, se considerase que lo que se compraba era el derecho de uso de las mismas (*ius pignoris*), sólo mientras no fuesen éstas —por medio de dinero o de servicios— capaces de devolver el dinero pagado por ellas. De esa forma, lo que hacían era librarlos de las manos de sus aprehensores y esperar luego a recuperar lo que les había costado esa liberación[62]. Era un procedimiento cercano a la *coartación,* una fórmula de manumisión por compra de la propia libertad que se extendió en el siglo XVIII por todo el territorio de la monarquía española.

---

62. *Cfr.* LARA (2000), cap. 1.

La culpabilidad universal

Ciertamente, otros fueron bastante más expeditivos: el también portugués Fernando Oliveyra ya había dicho abiertamente en 1555 que no sólo era ilícito hacer esclavos a los infieles sin más, y venderlos a otros, sino que también lo era comprarlos; que no dejaba de tener culpa quien compraba lo mal vendido. Que, si no hubiera compradores, no habría malos vendedores.

Fray Tomás de Mercado (1571) no entraría tampoco en demasiados matices y concluyó en lo mismo: no sólo no era lícito lo que hacían en Cabo Verde los mercaderes portugueses, sino que tampoco lo era adquirir esos negros en la reventa que se hacía en las Indias o en España[63].

Don Bartolomé Frías de Albornoz vaciló más cuando entró en este asunto dos años después, en 1573 y pese a haber leído a fray Tomás, a quien citó. Pero terminaba en lo mismo, aunque fuera subrayando la subjetividad de su conclusión.

Era lo mismo que, más sucintamente, concluía el portugués Baptista Fragoso en la obra póstuma de 1641 que ha quedado citada al comenzar estas páginas: era casi cierto, decía, que la compra de negros infieles hecha por sus compatriotas indistintamente y sin suficiente indagación en ambas Guineas, Angola y la Cafrería era injusta y contraria a la caridad. Pero también los compradores de tales siervos, o sea, aquellos que los adquirían de los pri-

---

63. Mercado (1571), pp. 101v-5.

meros mercaderes y los llevaban a uno u otro lugar, pecaban mortalmente contra la caridad y la justicia. Sólo si los poseían de buena fe podían retenerlos.

Y lo repetiría el capuchino fray Francisco José de Jaca al pedir en 1685 a la Congregación Romana de Propaganda Fide que declarase erróneas y prohibidas bajo pena y censura eclesiástica estas proposiciones, entre otras: *que fuera lícito vender o comprar negros o salvajes hechos esclavos con la fuerza y con el engaño, y hacer con ellos cualquier otro contrato; que los compradores no estuviesen obligados a investigar acerca de la legitimidad del título de esclavitud, aunque supieran que muchos de ellos habían sido hechos esclavos injustamente; que, cuando tales negros agarrados injustamente fueran mezclados con otros justamente vendibles, fuese lícito comprar tanto los buenos como los malos; que fuera lícito comprar los negros mediata o inmediatamente a los heréticos* (no se olvide que muchos mercaderes eran británicos u holandeses) *o vendérselos y, después de cualquier contrato posterior a los mismos, mantenerlos en servidumbre*[64].

De fray Epifanio de Moirans ya sabemos lo que opinaba: que, para que alguien fuera esclavo en justicia, no sólo requería que hubiera pecado, sino que lo declarase además la autoridad legítima. Siendo así que, según sus noticias, los negros de Cabo Verde y Guinea carecían de reyes, no había nadie que pudiera hacerlos esclavos. Consecuen-

---

64. *Cit.* LÓPEZ GARCÍA (1982), p. 44.

cia: nadie podía comprarlos, a menos que estuviera seguro de que la esclavitud de aquel que compraba era justa[65]. Según lo cual, todos los que compraran, vendieran o poseyeran negros del África como esclavos pecaban contra el derecho natural a no ser que hubieran verificado los títulos de la esclavitud y comprobado que eran justos, sin que, por otra parte, pudiera prevalecer en contrario ninguna costumbre o uso. Todos —subrayaba— los que poseían alguno de los esclavos procedentes de África estaban obligados a manumitirlos so pena de condena eterna. Y no podía olvidarse que la ignorancia —que era lo que alegaban algunos— excusaba del hecho, no del derecho[66].

Ya vimos que fray Francisco José de Jaca aún usaría otro argumento, un tanto inopinado, que era el de que los esclavos eran bautizados al poco de ser aprehendidos. Y, por tanto, eran cristianos, siendo así que no se podía cautivar a nadie que lo fuera. En el cuestionario que envió en 1685 a Propaganda Fide, rechazaba *que fuera lícito bautizar a los negros y otros infieles sin instrucción en los misterios de la fe necesarios para la salvación y dejarlos sin tal noticia después de bautizarlos.* Pero también pedía que se condenara *que fuese lícito tener en servidumbre a los esclavos incluso después del bautismo, hubieran sido o no justamente agarrados*[67].

---

65. *Cfr. ibidem*, p. 203.
66. *Cfr. ibidem*, pp. 204-205.
67. *Apud* LÓPEZ GARCÍA (1982), p. 44.

Por su parte, de fray Epifanio de Moirans ya sabemos que partía de antemano de cinco conclusiones que proponía al principio de su obra (1682) y que llegaban a exigir que el esclavo huyera [68].

No es extraño, así, que, más de cien años después, en 1794, unos capuchinos italianos procedentes de Goa convencieran a un hermano de religión, fray José de Bolonha, italiano también, pero afincado en Bahía desde hacía catorce años, de que *la esclavitud era ilegítima y contraria a la religión o, a lo menos, siendo unas veces legítima, otras ilegítima, se debía hacer una distinción y diferencia de esclavos tomados en guerra justa o injusta*. Ni es raro que, el día de la fiesta del Espíritu Santo, llegara por eso el de Bolonia a decir a los penitentes, en el confesonario, que tenían que indagar sobre el origen de sus respectivos esclavos y libertar a aquellos que hubieran sido sometidos injustamente [69].

Pero no hay que hacerse ilusiones. Se les oía como quien oye llover. Treinta años antes, en 1766, y como si no hubiera habido toda la literatura filosófica de que hemos dado cuenta, aquellos arbitristas españoles que proponían poblar con esclavos el Yucatán se mantenían en sus trece.

---

68. *Ibidem*, p. 183.
69. *Vid.* LARA (2000), cap. 1.

El buen trato de los esclavos y las maneras de entenderlo

En lo que coincidían, ciertamente, los moralistas de que hablamos era en la necesidad de tratar bien a los negros, cualquiera que fuese la postura que defendieran ellos en relación con la licitud de comprarlos y venderlos. Lo señalaba ya Francisco de Vitoria al lamentar la inhumanidad con que traían a los esclavos los mercaderes, «no se acordando los señores que aquéllos son sus prójimos y de lo que dice sant Pablo, que el señor y el siervo tienen otro Señor a quien el uno y el otro han de dar cuenta». Este dominio de un hombre sobre otro —advertía Rebello en 1608— es menos privativo que el que tiene aquél sobre su ganado, pues no puede usar del mismo modo de ambos, aunque de uno y de otro pueda usar en su propio provecho y no en beneficio del siervo. Porque el siervo no pertenecía absolutamente al señor, sino que tenía algunos derechos (que no llegaba a concretar).

> «El señor del esclavo —detallaba Pedro de Ledesma en 1598— no tiene el dominio de la vida y miembros del siervo. Por lo cual no le puede poner con buena conciencia en manifiesto peligro de muerte [...] lo cual suele acontener en el cavar y sacar tesoros y minerales [...] no pueden con buena conciencia azotarlos ni pringarlos tan gravemente que pierdan el uso de sus miembros o que enfermen gravemente [...] lo cual se dice por algunos cristianos que tratan tales esclavos como si no fueran hombres [...]. Débenles todo lo necesario para sustentar la vida».

Y, sólo en caso de peligro de fuga o de otra causa justa, cabía atar a los esclavos con pesadas cadenas o pesos de hierro e incluso marcarlos en la cara —se comprende que con hierro candente—; aunque esto último estaría permitido legalmente en la Monarquía Católica hasta 1784, en que lo prohibió Carlos III [70]. *De facto*, Solórzano Pereira ya lo había contemplado con menos reservas en 1647, en la *Política indiana:*

> «En siendo esclavos legítimos, el mismo derecho introdujo la costumbre de poderlos herrar en el cuerpo o en la cara, a voluntad de sus amos, o ya para castigarlos por sus hechos y excesos, o ya para tenerlos más seguros que no se huyesen».

Solórzano —como solían hacer varios de estos juristas y teólogos con los teólogos y juristas que habían escrito antes que ellos— citaba en su apoyo a Rebello; pero la verdad es que éste había propuesto como salida excepcional lo que el jurista español proponía como costumbre. En rigor, y en punto a tratamiento, en éste y otros párrafos, Solórzano daba una de cal y otra de arena e igual recordaba la insistencia de unos autores en que se obrara bien y con suavidad como decía que, *aunque también los*

---

70. Lamentablemente, para saber si esta prohibición se cumplió de inmediato, no dicen HUMBOLDT y BONPLAND (1956), I, p. 338, si se refieren a las españolas cuando escriben, a comienzos del siglo XIX, que «es doloroso pensar que hoy mismo existen en las Antillas colonos europeos que marcan sus esclavos con un hierro enrojecido, para reconocerlos cuando se fugan».

esclavos conforme a las reglas de derecho y buena teología debían ser bien tratados, sin castigarlos ásperamente ni exponerlos a riesgos y peligros notorios de vida, había disposiciones legales en virtud de las cuales *se juzgaban por hacienda propia nuestra y eran comparados a los muertos o a los animales,* hasta el extremo de que, para aprovecharse de ellos, cabía incluso exponerlos a peligro [71].

Ya vimos que, en 1627, el jesuita Sandoval había explicado el deber del buen trato partiendo de la igualdad natural de todos los hombres, claro es que compaginada con el realismo, cristiano también, de asumir las diferencias sociales.

En 1592, en aquel *Discurso sobre los negros que se pretenden llevar a la gobernación de Popayán,* el oidor Anuncibay había llegado a escribir que, en caso de delito, *importaba poco que fuera azotado y desorejado el negro,* por más que añadiera enseguida que *el gobernador y justicia había de cuitar sobre el buen tratamiento y sustento de las cuadrillas.* Quería decir, claro está, que una cosa era un delincuente —incluidos los cimarrones, delincuentes ya por huir— y otra un esclavo común. Para el primer caso, «las penas a los negros —decía— serán azotes y desorejallos y a las tres veces fugitivos desgarronarles y prisiones, hierros y argollas y campanilla y no destierro ni galeras y, si el delicto fuere atroz, muerte».

---

71. El capuchino Francisco José de Jaca también daba fe —en 1681— de que se les solía marcar en la cara o en las espaldas: *vid.* LÓPEZ GARCÍA (1982), p. 154.

Por otra parte —seguía Anuncibay—, los integrantes de cada cuadrilla o hato no podrían venderse separadamente; estarían adscritos a los metales y minas que hubieran de laborar, sin poder separarse de ellos, si no era porque se agotara la mina o fueran sustituidos por otros, y eso aun en el supuesto de que alcanzaran la libertad. La diferencia estaría en que, siendo libre, ganarían jornal, aunque también pagarían tributo.

Habría que procurar que permanecieran bozales, sin hacerse ladinos, es decir, que no aprendieran castellano; aunque, como contrapartida, no se les quitarían los hijos, separándolos, y se procuraría que estuvieran casados con negras, «porque el matrimonio es el que amansa y sosiega a los negros».

Como mal menor, podrían casar con negra de distinta cuadrilla, pero de ningún modo con india, *aunque se impetrara breve del pontífice,* y eso para que no hubiera «mulatos zambaigos, perniciosos tanto a la república indiana».

En realidad, había que procurar que no tuvieran trato alguno con indio o india: «... ni comercio, ni compadrazgo, ni borrachera, ni confradría juntos». Y, menos aún, comercio con *españoles.*

Por el contrario, habían de tener pegujal,

«no al arbitrio del señor sino de la ley y de la just*i*ci*a.* Han de ser —añadía— dueños de su casa, de su roza, su huerta y administradores de sus hijuelos y capataces de tutellas de otros negros y han de ser alcaldes, a[l]guaciles y regidores entre sí, porque lo malo q*ue* han de la condición servil perficiona y purga la posesión o cuasi de sí y de su mujer y de su casilla y roza y hijuelos y la aptitud de los oficios».

Claro está que, a cargo del dueño, tendrían la atención espiritual de un sacerdote, que no podría recibir ofrenda alguna de un negro.

En realidad, estas reglas que proponía Anuncibay se basaban —expresamente— en lo que el canciller y mártir Tomás Moro había escrito en la *Utopía*. No eran, en otras palabras, tomadas de los autores ibéricos anteriores ni de los usos de los negreros. Y hay que tener en cuenta además que el licenciado español, como europeo, estaba acostumbrado a las consecuencias del régimen señorial, conforme al cual se gobernaba buena parte de España. A él parece aludir cuando dice aquello de que los negros de cada cuadrilla o hato no podrían venderse por separado, «sino todos juntos, como acá se vende un pueblo».

Por lo demás, entendido debidamente o no, y conciliándolo desde luego con la necesidad de refrenar a los que obraran mal, el buen trato fue siempre una constante de la literatura esclavista. Lo repetían los portugueses Benci (1705), Antonil (1711) y Ribeiro Rocha (1758) durante el siglo XVIII: el esclavo tenía que obedecer a su amo y éste debía alimentarlo, procurarle la salud e instruirlo en la doctrina cristiana y en las buenas costumbres, corrigiéndolo cuando hiciera falta, mas con mesura (no más de cuarenta azotes, aconsejaban Benci y Rocha, entre otras cosas porque era lo que prescribía el Deuteronomio, 25, 1-3 [72], según ya

---

72. En la traducción de Nacar-Colunga: «[1]Si cuando entre algunos hubiere pleito, y llegado el juicio, absolviendo los

había advertido Sandoval [73]; aunque Benci —basándose en la experiencia personal de san Pablo, que el Apóstol había aducido en la segunda epístola a los corintios [74]— admitía la posibilidad de que se dieran más —si lo requería el delito—, sólo que divididos en varios días para no causar la muerte o dejar inválido al delincuente).

jueces al justo y condenando al reo, [2]fuere el delincuente condenado a la pena de azotes, el juez le hará echarse en tierra y le hará azotar conforme a su delito, llevando cuenta de los azotes, [3]pero no le hará dar más de cuarenta, no sea que pasando de este número quede tu hermano afrentado ante ti».

73. *Vid.* SANDOVAL (1647), p. 91. Referencia a Benci, Antonil y Rocha, en BOXER (1967), p. 175, entre otros autores.

74. 2 Cor 11, 24: «Cinco veces recibí de los judíos cuarenta azotes menos uno» (en la traducción de Nácar-Colunga).

Epílogo
Hacia la condena de la institución de la esclavitud

Para entonces, los argumentos habían cambiado. Concretamente, los razonamientos escolásticos de que hablábamos antes habían predominado hasta que tuvo eco en el mundo ibérico el replanteamiento del asunto que hicieron algunos *philosophes* franceses y algunos escritores protestantes —en especial los cuáqueros— del mundo anglosajón.

En cuanto a los primeros, correspondió a Montesquieu la acción inicial. Que fue no poco dura. Dedicó a la esclavitud —en general— el libro XV *De l'esprit des lois* (1748), donde, al mismo tiempo en que la consideraba contraria al derecho natural —abundando, por tanto, en lo que habían abundado todos los teólogos y juristas de los dos siglos anteriores de quienes hemos hablado, sin innovar nada en ello [1]—, manifestaba una actitud de tole-

---

1. Concretamente, Montesquieu rechazaba las razones clásicas, que reducía a estas tres: la de la guerra justa, la de

rancia hacia la servidumbre [2], y no ya de tolerancia, sino de verdadero racismo cuando se refería a los negros, sobre lo chato de cuyas narices ironizaba. No era posible que Dios, siendo tan sabio —llegaba a argüir—, hubiera dotado de alma —y sobre

---

quien se vendía a sí mismo para pagar las deudas y —ésta no era la clásica— la de que un padre esclavo vendiera a su hijo al que no podía alimentar. Respecto a la primera —la guerra justa—, el francés daba por supuesto que se hacía esclavo al prisionero de guerra en vez de matarlo y, así, claro está que le parecía que no estaba justificado; porque el mero hecho de hacerlo esclavo —explicaba— era demostración de que no era imprescindible matarlo. Lo que ocurre es que no era ésa la explicación tradicional.

Respecto a venderse a sí mismo por deudas, aducía que, igual que estaba prohibido suicidarse, debía prohibirse venderse; porque la libertad de cada ciudadano es una parte de la libertad pública, y ésta, una parte de la soberanía.

En relación con la venta del hijo al que no se podía alimentar, caía de su peso al negar la anterior. Si un hombre no podía venderse a sí mismo, menos podía vender a su hijo.

Todo esto, en MONTESQUIEU (s.d.), livre XV, chap. II.

2. Al comenzar el libro XV, Montesquieu se mostraba contrario a la esclavitud: «*Dans le pays despotiques, où l'on est déjà sous l'esclavage politique, l'esclavage civil est plus tolérable qu'ailleurs. Chacun y doit être assez content d'y avoir sa subsistance et la vie. Ainsi la condition de l'esclave n'y est guère plus à charge que la condition du sujet.*

»*Mais, dans le gouvernement monarchique, où il est souverainement important de ne point abattre ou avilir la nature humaine, il ne faut point d'esclaves. Dans la démocratie, où tout le monde est égal, et dans l'aristocratie, où les lois doivent faire leurs efforts pour que tout le monde soit aussi égal que la nature du gouvernement peut le permettre, des esclaves sont contre l'esprit de la constitution: ils ne servent qu'à donner aux citoyens une puissance et un luxe qu'ils ne doivent point avoir*» (livre XV, chap. I).

todo de alma buena— a unos cuerpos de aquel color. En último caso, no terminaba de estar seguro de que fueran seres humanos[3].

> 3. «*Si j'avais à soutenir le droit que nous avons eu de rendre les nègres esclaves, voici ce que je dirais:*
> »*Les peuples d'Europe ayant exterminé ceux de l'Amérique, ils ont dû mettre en esclavage ceux de l'Afrique, pour s'en servir à défricher tant de terres.*
> »*Le sucre serait trop cher, si l'on ne faisait travailler la plante qui le produit par des esclaves.*
> »*Ceux dont il s'agit sont noirs depuis les pieds jusqu'à la tête; et ils ont le nez si écrasé qu'il est presque impossible de les plaindre.*
> »*On ne peut se mettre dans l'esprit que Dieu, qui est un être très sage, ait mis une âme, surtout une âme bonne, dans un corps tout noir.*
> »*Il est si naturel de penser que c'est la couleur qui constitue l'essence de l'humanité, que les peuples d'Asie, qui font des eunuques, privent toujours les noirs du rapport qu'ils ont avec nous d'une façon plus marquée.*
> »*On peut juger de la couleur de la peau par celle des cheveux, qui, chez les Égyptiens, les meilleurs philosophes du monde, était d'une si grande conséquence, qu'ils faisaient mourir tous les hommes roux qui leur tombaient entre les mains.*
> »*Une preuve que les nègres n'ont pas le sens commun c'est qu'ils font plus de cas d'un collier de verre que de l'or, qui, chez des nations policèes, es d'une si grande conséquence.*
> »*Ils es impossible que nous supposions que ces gens-là soient des hommes, parce que, si nous les supposions des hommes, en commencerait à croire que nous ne sommes pas nous mêmes chrétiens.*
> »*De petis esprits exagèrent trop l'injustice que l'ont fait aux Africains: car, si elle était telle qu'ils le disent, ne serait-il pas venu dans la tête des princes d'Europe, qui font entre eux tant de conventions inutiles, d'en faire une générale en faveur de la miséricorde et de la pitié?*» (MONTESQUIEU [s.d.], livre XV, chap. V).

Asombrosamente, no pocos historiadores —que quizá obviaron una lectura atenta de *De l'esprit des lois*— repetirían, hasta hoy mismo, que Montesquieu fue pionero en la lucha contra la esclavitud de los negros. No era su intención.

Más cerca estaba de ella, en rigor, por esos mismos días, el jesuita español José Gumilla, cuya obra sobre las tierras del Orinoco no se publicaría, sin embargo, hasta 1781, aunque la hubiera escrito en el segundo cuarto del siglo XVIII. El jesuita rechazaba explícitamente —como ya habían hecho los capuchinos Jaca y Moirans— la tesis de que los negros descendían de Can y Canaán, por la sencilla razón de que también habían de ellos otros pueblos y no habían salido negros, y exhortaba a un sano escepticismo en cuestión de colores, «sin calificarles ni darles entre sí preferencia; porque ésta será siempre incierta, hija de la voluntad, y no de la razón».

> «Los hombres blancos han dado muestras de [...] inclinación y amor al color negro: y hoy en día, en Cartagena de Indias, en Mompox y en otras partes se hallan españoles honrados, casados (por su elección libre) con negras, muy contentos y concordes con sus mujeres: y al contrario, vi en la Guayana una mulata blanca, casada con un negro atezado; y en los Llanos de Santiago de las Atalayas una mestiza blanca casada con otro negro: éste la desechó muchas veces, diciéndola que reparase bien en su denegrido rostro, que tal vez sería origen de sus disgustos: la respuesta de la mestiza fue irse a su casa, y untarse con el zumo de *jagua,* tinta tan tenaz, cual ninguna otra; y puesta a vista del negro, le dijo: *Ya estamos iguales, ni tienes escusas para*

no quererme: casáronse, y Dios les ha dado muy larga descendencia»[4].

En realidad, en 1755, el caballero de Jaucourt ya había tenido la generosidad de tapar las vergüenzas de Montesquieu[5]: en el artículo *Esclavage* de la *Encyclopedie* de Diderot y D'Alembert, mencionaba al autor de *Del espíritu de las leyes* como si lo glosara, siendo así que guardaba silencio sobre todo lo que decía aquél de los negros en términos brutalmente racistas. Jaucourt dedicaba, como Montesquieu (y como algunos de los juristas y teólogos cuyo pensamiento hemos examinado), una primera parte de su razonamiento a la historia de la esclavitud, no sin decir, para empezar, lo mismo que decía Aristóteles y habían repetido aquellos teóricos de los dos siglos anteriores: que los hombres nacieron libres. Habían sido la ley del más fuerte, *le droit de guerre injurieux à la nature,* entre otras cosas semejantes, los que habían introducido la esclavitud, para vergüenza de la humanidad (*«à la honte de l'humanité»*): una realidad que era contraria al derecho natural y al derecho civil; de manera —se deducía— que no podía salvarse por derecho de gentes (lo mismo que afirmaba Frías de Albornoz un par de siglos antes).

Pero el francés lo argüía mejor: la esclavitud era contraria al derecho natural porque la libertad estaba íntimamente unida al hecho de ser hom-

---

4. Gumilla (1781), I, pp. 79-81.
5. Lo que sigue, en Jaucourt (1755).

bre: «*Cette liberté [...] est unie si étroitement avec la conservation de l'homme, qu'elle n'en peut être séparée que par ce qui détruit en même tems sa conservations & sa vie*». Era, por tanto, inalienable. «*Non-seulement on ne peut avoir le droit de propriété proprement dit sur les personnes; mais le plus il repugne à la raison, qu'un homme qui n'a point de pouvoir sur sa vie, puisse donner à un autre, no de son propre consentement, ni par aucune convention, le droit qu'il n'a pas lui-même*».

Pero también era contraria al derecho civil, porque la ley civil, que había permitido a los hombres repartir los bienes terrenos, no podía incluir en éstos —lo que se repartía— a algunos de los propios hombres que debían hacer ese reparto.

No cabía, por ello, hablar de derecho de gentes, ni de derecho de guerra, ni de nacimiento, ni de compra. Ni mucho menos justificarlo en la evangelización de los esclavos: «*C'est donc aller directement contre le droit des gens & contre la nature, que de croire que la religion chrétienne donne à ceux qui la professent un droit de réduir en servitude ceux qui ne le professent pas, pour travailler plus aisément a sa propagation. Ce fut pourtant cette manière de penser qui encouragea les destructeurs de l'Amérique dans leurs crimes*»: brindis, sin duda, a los españoles, cuyos teólogos, sin embargo, pensaban todo lo contrario de lo que suponía Jaucourt, según hemos visto.

Luego vendría, como en una cascada, el abolicionismo que contenían el breve artículo «*Traite des nègres*» de la misma *Encyclopedie* (ya en

1765 [6]), los de Du Pont de Nemours en 1768 en el periódico fisiócrata *Éphémérides du citoyen* —que examinaron el problema en una perspectiva económica—, en fin la *Histoire philosophique et politique des établissements et du commerce des Européens dans les deux Indes,* de Guillaume Raynal en 1770, incluso el opúsculo *Reflexions sur l'esclavage des nègres,* atribuido al marqués de Condorcet, en 1781. En 1791, comenzaba en el Parlamento de Londres la cruzada de Wilberforce en pro de la abolición, primero de la trata y después de la esclavitud en sí misma.

La verdad es que este primer corpus abolicionista no tenía la envergadura ni la calidad intelectual, filosófica y antropológica, del corpus teológico de los siglos XVI-XVII, cuyos planteamientos hemos expuesto. Con la excepción del artículo «*Esclavage*» de Jaucourt, el rigor del razonamiento brillaba por su ausencia; lo propiamente antropológico era pobre y escaso, por no decir nulo. Raynal, el mejor de los mencionados —siempre con la salvedad de Jaucourt—, no pasaba de glosar las brutalidades que, *de facto*, padecían injustamente los negros, sin añadir un solo argumento estrictamente doctrinal en contra o a favor de la existencia de la esclavitud en sí misma [7]. Y las *Reflexions sur l'es-*

---

6. *Vid.* JAUCOURT (1765). Se le atribuye a Jaucourt. En realidad el artículo lo firma *D.J.*
7. *Vid.* RAYNAL (1774), IV, libro 11, que es el que dedica a la trata de los negros africanos. La parte que podemos considerar doctrinal está en los capítulos XXIII-XXXI principamente. Pero lo que dice en ellos, en síntesis, es que la esclavitud es in-

clavage des nègres —firmadas por un cierto Schwartz, *pasteur du Saint Évangile*— no hacían sino insistir en el tono condenatorio [8].

En realidad, la divergencia entre los teólogos y juristas españoles y portugueses de los siglos XVI-XVIII y estos *philosophes* del XVIII estaba en la concepción antropológica cristiana: para todos, el punto de partida era el reconocimiento de la libertad natural de todo ser humano. Mas, para aquéllos, esa naturaleza estaba lesionada por el pecado, y eso hacía necesario la intervención de los pro-

---

justa en sí misma —sin explicar por qué—, pero lo es mucho más en el momento en que escribe, estando como está corrompida por el tipo de trata que se lleva a cabo. Las guerras para hacer esclavos se suscitan por cualquier razón; se les transporta de mala manera; el trato es brutal. La esclavitud repugna a la humanidad, a la razón y a la justicia —se limita a insistir al comenzar el capítulo XXXI— y, como en el caso de Jaucourt, la disculpa para Montesquieu, en este caso sin ocultar —aunque sea tácitamente— la sorna con que éste había tratado la servidumbre de los negros: «*Montesquieu n'a pu se résoudre à traiter sérieusement la question de l'esclavage*» (p. 223).

8. *Vid.* SCHWARTZ (1788), *passim:* a diferencia de Montesquieu, Condorcet (o Schwartz) ignoraba los «justos títulos» aristotélicos y se reducía a rechazar que se pudiera comprar, como esclavos, condenados a muerte, así como a recordar aquello de que la esclavitud fomentaba indirectamente las guerras entre negros. Le era más fácil, obviamente, rechazar que un recién nacido, por el hecho de ser hijo de esclava, fuese esclavo. Entre los pocos argumentos estrictos de su opúsculo, estaba la idea elemental de que un legislador no puede legislar contra la justicia y la de que no es posible adquirir derechos sobre una persona, aunque sí el de que trabaje para uno (p. 5).

pios hombres por medio del derecho de gentes para arreglar lo lesionado. Sin ese argumento —el pecado original—, Jaucourt tenía razón.

Los argumentos históricos —sobre la brutalidad de la esclavitud tal como se llevaba a la práctica de hecho con los negros— de los *philosophes* tampoco eran nuevos. La esclavitud real —tal como se imponía en el África negra— ya había sido rechazada por aquellos teóricos del mundo ibérico de los siglos XVI y XVII incluso con violencia verbal, como la vimos en Albornoz o en los capuchinos Jaca y Moirans.

Si no habían condenado la esclavitud como institución (aunque Frías de Albornoz lo había insinuado), fue porque, para ellos, era una forma más de supeditación de un ser humano a otro. Era sin duda la más dura, pero por razones de grado, no porque fuera una condición esencialmente distinta de cualquier otro modo de supeditación. En último término, todos salvo Albornoz entendían que era legítimo que, si un hombre hacía injustamente la guerra a otro, éste se defendiera sometiéndolo a su servicio, incluso a perpetuidad, así como la posibilidad de que alguien se vendiera a sí mismo para saldar una deuda o por algún motivo parejo.

Por la misma razón, los papas que intervinieron en el asunto antes de León XIII condenaron la esclavitud tal como era, no la institución en sí misma.

En los teóricos franceses de finales del siglo XVIII, esta apreciación realista se abandona completamente por mor de un cambio sustancial: de la sustancia misma de la cosa enjuiciada. Frente a Aristóteles y a los realistas de tradición aristotélica, aquellos *philosophes* dieron en considerar la naturaleza y el estado natural no sólo como lo idóneo, también en términos morales —cosa que no era ajena a aquellos teólogos y juristas—, sino como algo posible. Cosa que no cabía mantener si se afirmaba la existencia del pecado. Los *philosophes,* así, identificaban el derecho natural con todo lo que era *natural,* sin que, por tanto, cupiera conceder —si no como mal menor— que el derecho de gentes pudiese nunca modificar el derecho natural.

Como además, desde 1789, se articuló todo ello en un sistema —los derechos del hombre— que presumía la libertad, la esclavitud pasó a convertirse en la realidad *in-humana* en sí misma, y esos derechos, en algo irrenunciable, como había dicho Jaucourt. Nadie podía venderse a sí mismo, aunque lo quisiera. No era cosa de grado, sino de esencia del asunto.

Se observará que distingo entre teólogos de los siglos XVI-XVII y *philosophes* del siglo XVIII, y no entre católicos y acatólicos porque, paradójicamente, varios de esos *philosophes* (y desde luego muchos de los abolicionistas que los siguieron durante el siglo XIX —por ejemplo en España—) eran ellos mismos católicos. Y es que el abolicionismo se convirtió en piedra de toque también en el seno de la Iglesia católica.

La decadencia de la teología española hizo lo demás. Las antiguas disquisiones sobre la guerra justa y la licitud de la esclavitud fueron sencillamente abandonadas y lo que quedó fue el nudo debate sobre si los esclavos ganaban o perdían con la servidumbre, teniendo en cuenta la mejora material y, sobre todo, espiritual que recibían de los cristianos propietarios o si esto, aunque fuera verdad, era esencialmente insostenible porque lo que estaba en juego era el mantenimiento de una institución —la esclavitud— que contemplaba a unos seres humanos concretos como cosas, sin personalidad jurídica propia.

El debate no sólo había abandonado el terreno del realismo aristotélico, sino que había entrado en un irresoluble contraste entre el paternalismo de unos y el idealismo de otros; irresoluble porque partían de una antropología distinta.

La transición hacia esta disyuntiva se aprecia en el mundo católico en un conjunto de sucesos —variopintos, pero expresivos— de finales del siglo XVIII: en la *Memória a respeito dos escravos e tráfico da escravatura entre a costa d'África e o Brasil* presentada en la Real Academia das Ciências de Lisboa en 1793 por Luiz Antônio de Oliveira Mendes, se elude ya el asunto de la legitimidad de la esclavitud para insistir, en cambio, en el buen trato —en el tráfico y en la explotación del esclavo—... y en la necesidad de la servidumbre para la economía brasileña, *de la cual percibe la Real Corona los justos y debidos derechos*[9].

Pero, al año siguiente, 1794, según decíamos, fray José de Bolonha, un capuchino italiano que

---

9. Esto y lo que sigue sobre el Brasil, en LARA (2000), cap. 1.

llevaba catorce años en Bahía, volvía a poner el dedo en la llaga con los argumentos de antaño (y los usos sacramentales de sus hermanos fray Francisco José de Jaca y fray Epifanio de Moirans, de no absolver a los propietarios de esclavos que no regulasen la situación de sus siervos). Habían llegado de Goa unos capuchinos italianos que se acogieron al Hospicio de la Palma y éstos habían sido quienes pusieron a aquél en canción. El arzobispo se lo advirtió al gobernador de la Capitanía y éste devolvió a los religiosos de Goa al navío en que viajaban, sin permitirles desembarcar, a fin de que no tuvieran posibilidad de expresar a nadie su pensamiento. Al de Bolonha lo embarcó en el primer buque que tuvo Lisboa como destino.

Por esas mismas fechas, sin embargo, empieza a discutirse, también en Portugal, la legitimidad de la servidumbre. En 1798, en el *Análise sobre a justiça do comércio de resgate de escravos da costa da Africa,* Jose Joaquim da Cunha de Azeredo Coutinho no duda en atribuir el abolicionismo —como un mal— a los *pensadores franceses,* aludiendo concretamente a los artículos «Esclavitud» y «Tráfico de negros» de la *Enciclopedia* [10]. Sobre

---

10. *Vid.* ROCHA (2000), p. 41. LARA (2000), cap. 1, da la fecha de 1808 para el *Análise* de Azeredo Coutinho, reeditado efectivamente en esa fecha. Cita también, del mismo autor, *Concordancia das Leis de Portugal, e das Bullas Pontificias, das quaes humas permittem a escravidão dos pretos d'Africa, e outras prohibem a escravidão dos indios do Brazil* (1808). De ambas obras hay reediciones recientes.

todo desde 1817, no obstante, los abolicionistas se harán oír también en Portugal y el Brasil[11].

En cuanto al mundo español, en 1797, el presbítero Antonio Nicolás Duque de Estrada había redactado en La Habana una *Explicación de la doctrina cristiana acomodada a la capacidad de los negros bozales* donde insistía en la necesidad de tratar bien a los esclavos, pero repetía asimismo que en ningún lugar se hallaban mejor que en Cuba, cristianos y sometidos a sus amos, que velaban por ellos[12]. En 1802, sin embargo, el geógrafo español Isidoro de Antillón pronunciaba uno de los primeros llamamientos abolicionistas ibéricos en la Real Academia Matritense de Derecho Español y Público, rechazando por cierto, explícitamente, la argumentación de Aristóteles[13].

Las dos posturas convivirían en el mundo católico del siglo XIX. Los abolicionistas se apoyaban en el Evangelio. Pero los que toleraban la esclavitud insistían tácitamente en el silencio del propio Nuevo Testamento.

Y los papas también guardaron silencio, en cuanto a la esclavitud en sí misma. Sólo teniendo en cuenta su apego a la visión neotestamentaria de la servidumbre se entiende que, habiendo condenado la esclavitud americana —también de *alias gentes*— en 1537 y en 1639, uno y dos siglos antes de que lo hicieran los protestantes, tardaran un si-

---

11. *Vid.* ROCHA (2000).
12. *Vid.* DUQUE DE ESTRADA (1989).
13. *Vid.* ANTILLÓN (1820), p. 14.

glo más que éstos, en cambio, en repudiar la esclavitud en sí misma [14].

Por lo demás, se recordará que los gobernantes de los principales países católicos (España, Portugal, Francia, de menos a más por este orden) tardarían aún mucho en suprimir la servidumbre completamente. En Francia —el más persistente entre esos países—, se prohibió la trata en 1848. Pero no se cumplió. Y aún tuvo que prohibirse la esclavitud en 1905 en el África occidental francesa [15].

---

14. Se ha dicho que, incluso en 1839, lo que el papa Gregorio XVI condenó fue la trata, no la esclavitud en sí misma. Pero la verdad es que lo que el pontífice condenó fue la situación de hecho: no ciertamente la institución, pero no sólo la trata, sino «maltratar o despojar de sus bienes, o someter a esclavitud, o prestar favor y ayuda a otros que tal hagan, o ejercer ese inhumano comercio en que los negros, como si no fueran hombres, sino pura y simplemente bestias, sometidos en todo caso a esclavitud, se compran, se venden y se los dedica con frecuencia a trabajos pesados y extenuadores sin distinción alguna y contra todo derecho de justicia y de humanidad, y, además, antepuesta igualmente la razón de lucro, mediante el comercio, los primeros ocupantes de los negros fomentan en sus territorios disensiones y cierto modo guerra perpetua»: *apud* SÁEZ (1994), 105.

15. *Vid.* BOTTE (2000), 1036, y KLEIN (1998), *passim*.

Referencias bibliográficas

ALBORNOZ (1573), Bartolomé [Frías de]: *Arte de los contractos*, Valencia, Pedro de Huete, 176 pp.
ALDEA (1972) VAQUERO, Q.; MARÍN MARTÍNEZ, T.; VIVES GATELL, J.: *Diccionario de historia eclesiástica de España*, Madrid, CSIC, 4 volúmenes.
— (1987): — *Suplemento I*, Madrid, CSIC, 706 pp.
ANTILLÓN (1820), Isidoro de: *Disertación sobre el origen de la esclavitud de los negros, motivos que la han perpetuado, ventajas que se le atribuyen y medios que podrían adoptarse para hacer prosperar sin ella nuestras colonias*. Leída en la Real Academia Matritense de Derecho Español y Público, el día 2 de abril de 1802, Valencia, Imprenta de Domingo y Mompié, 144 pp.
ANTONIL (1711), André Joâo: *Cultura e opulência do Brasil, por suas drogas e minas*, Lisboa, Oficina Real Deslandesiana, 205 pp. [1].

---

1. Hay varias reediciones: *Cultura e opulência do Brasil*, Bahía, Progresso, 1955, 253 pp.; *Cultura e opulencia do Brasil pelas minas de ouro*, Sâo Paulo, Editôra Obelisco, 1964, 628 pp.; *Cultura e opulencia do Brasil por suas drogas e minas*, ed. de Andrée MANSUY, París, Institut des Hautes Études de l'Amérique Latine, 1968, 628 pp.

ANUNCIBAY (1963), «Informe sobre la población indígena de la gobernación de Popayán y sobre la necesidad de importar negros para la explotación de sus minas, por el Licenciado..., Año 1592», en *Anuario Colombiano de Historia Social y de la Cultura*, I, 197-208.

AVENDAÑO (1668-1686), Diego de: *Thesaurus Indicus*, Amberes, Iacobum Meursium, 6 vols.

[AZPILCUETA (1554), Martín de:] *Manual de confesores y penitentes que clara y brevemente contiene la universal, y particular decisión de quasi todas las dubdas, que en las confessiones suelen ocurrir de los pecados, absoluciones, restituciones, censuras, & irregularidades, compuesto antes por un religioso de la ordê de Sant Francisco de la provincia de la Piedad, y después visto y en algunos passos declarado por el muy antiguo y muy famoso doctor... Navarro*, Medina del Campo, Ioan María de Terranoua y Iacobo de Larcari, 564 + tabla de contenido s.f.

BARBOSA (1634), Augustino: *Pastoralis solicitudinis sive De officio et potestate parochi tripartita descriptio, cuius partes singulas earumque materias...*, Lugduni, Laurentii Durand, 408 pp.

BLANCO WHITE (1814), José María: *Bosquexo del comercio en esclavos y reflexiones sobre este tráfico considerado moral, política, y cristianamente*, Londres, Ellerton y Henderson, VIII + 144 pp.

BOTTE (2000), Roger: «Le esclavage africain après l'abolition de 1848: Servitude et droit du sol»: *Annales HSS*, núm. 5, 1009-1037.

BOXER (1963), Charles: *Race relations in the Portuguese colonial empire, 1415-1825*, Oxford, Clarendon Press, VII + 136 pp.

— (1967): «Um panfleto raro acêrca dos abusos da escravidâo negra no Brasil (1764), reimpreso he comentado por...», en *Anais do Congresso comemorativo do bicentenário da transferência da sede do Govêrno do Brasil da cidade do Salvador para o Rio de Janeiro, 1963*, t. III, [Río de Janeiro], Departamento de Imprensa Nacional, pp. 175-186.

BRAUDE (2002), Benjamin: «Cham et Noé: Race, esclavage et exégèse entre islam, judaïsme et christianisme»: *Annales HSS*, LVII, núm. 1, 93-126.

CERECEDA (1946), F.: «Un asiento de esclavos para América el año 1553 y parecer de varios teólogos sobre su licitud»: *Missionalia Hispanica*, III, núm. 7, 580-597.

CLARET (1997), Antonio María: *Escritos pastorales*, edición preparada por José María VIÑAS y Jesús BERMEJO, presentación de Fernando SEBASTIÁN AGUILAR, Madrid, Biblioteca de Autores Cristianos, 686 pp.

COLLECTANEA (1907) *S. Congregationis de Propaganda Fide seu decreta instructiones rescripta pro apostolicis missionibus*, Roma, Sagrada Congregación de Propaganda Fide, tomo I.

CURTIN (1969), Philip D.: *The Atlantic slave trade: A census*, Madison, University of Wisconsin Press, XIX + 338 pp.

— (1990): *The rise and fall of the plantation complex: Essays in Atlantic history*, Cambridge, Cambridge University Press, XI + 220 pp.

[DIANA (1632), Antonino:] *Antonini Diana Clerici Regularis Resolutionum moralium pars prima et secunda, in quibus selectiores casus conscientiae breviter, dilucide, & ut plurimum benignus sub his Tractatibus explicantur..., additus est indez locupletissimus notabilium & expurgatius infinitis paene mendis*, 3.ª ed., Zaragoza, Iacobum Dormer, 312 + 180 pp.

— (1675): *R.P.D. Antonini Diana panormitani Cler. Reg... Practicae resolutiones lectissimorum casuum, editio ultima, partes omnes XII complectens, iterum atque iterum cum auctore collata ac plurimis locis aucta, decretisque quibusdam Alexandri VII locupletata,* Zaragoza, Haeredes Didaci Dormer, 798 pp.

DUQUE DE ESTRADA (1989), Nicolás: *Doctrina para negros: Explicación de la doctrina cristiana acomodada a la capacidad de los negros bozales,* Transcripción e introducción de Javier LAVIÑA, Hospitalet de Llobregat, Sendai Ediciones, 128 pp.

FLORESCANO, Enrique, y GIL SÁNCHEZ, Isabel (1976) (comp.): *Descripciones económicas regionales de Nueva España: Provincias del Centro, Sudeste y Sur, 1766-1827,* México, Instituto Nacional de Antropología e Historia, 326 pp.

FRAGOSO (1641), Baptista: *Regimen reipublicae christianae ex Sacra Theologia, et ex utroque iure ad utrumque forum...,* Lugduni, 3 volúmenes.

GARCÍA (1583), Francisco: *Parte primera del tratado utilísimo y muy general de todos los contratos, cuantos en los negocios humanos se suelen ofrecer,* Valencia, Ioan Navarro, 733 pp.

GARCÍA ÁLVAREZ, Alejandro, y GARCÍA MORA, Luis Miguel (comp.): *Textos clásicos de la historia de Cuba,* Madrid, Fundación Histórica Tavera («Clásicos Tavera»), CD-Rom.

GARCÍA AÑOVEROS (2000), Jesús María: «Los argumentos de la esclavitud», en José ANDRÉS-GALLEGO: *Nuevas aportaciones a la historia jurídica de Iberoamérica, cit. infra.* (= *El pensamiento y los argumentos sobre la esclavitud en Europa en el siglo XVI y su aplicación a los indios americanos y a los negros africanos,* Madrid, CSIC, 2000, 235 pp.)

— (2000b): «Luis de Molina y la esclavitud de los negros africanos en el siglo XVI: Principios doctrinales y conclusiones»: *Revista de Indias,* LX, núm. 219, 307-329.

GRAY (1987), Richard: «The Papacy and the Atlantic slave trade: Lourenço da Silva, the Capuchins and the decisions of the Holy Office»: *Past & Present,* núm. 115, 52-68.

GUMILLA (1781), José: *Historia natural, civil y geográfica de las naciones situadas en las riveras del río Orinoco,* Barcelona, Imprenta de Carlos Gibert y Tutó, 2 volúmenes.

HEVIA (1771) BOLAÑOS, Juan de: *Curia philipica,* reed., Madrid, Oficina de Pedro Martín, 520 pp.

HIGMAN (2000), B.W.: «The sugar revolution»: *The Economic History Review,* LIII, núm. 2, 213-236.

HUMBOLDT, A. de, y BONPLAND, A. (1956): *Viaje a las regiones equinocciales del nuevo continente en 1779, 1800, 1801, 1802, 1803 y 1804,* Caracas, Ministerio de Educación, 5 volúmenes.

INIKORI (1982), Joseph E. (ed.): *Forced migration: The impact of the export slave trade on African societies,* Londres, Hutchinson, 349 pp.

JAUCOURT (1755), [Louis,] chevalier de: «Esclavage», en *Encyclopedie ou Dictionnaire raisonné des sciences, des arts et des métiers, par une société des gens de lettres,* Mis en ordre & publié par M. DIDEROT... & quant à la Partie Mathematique, par M. D'ALEMBERT..., t. V, París, Briasson et al., pp. 934-939.

— (1765): «Traite des negres», *ibidem,* t. XVI, Neufchatel, Samuel Faulche & Compagnie, pp. 532-533.

KLEIN (1998), Martin A.: *Slavery and colonial rule in French West Africa,* Cambridge, Cambridge University Press, XXI + 354 pp.

Konrad (1989), Herman W.: *Una hacienda de los jesuitas en el México colonial: Santa Lucía, 1576-1767,* México, Fondo de Cultura Económica, 434 pp.

— (1862): *Cuba en 1860 o sea cuadro de sus adelantos en la población, agricultura, el comercio y las rentas públicas,* Suplemento a la primera parte de la historia política y natural de la isla de Cuba, París, Imprenta de Simon Raçon y Cª, 282 pp.

Landers (1990), Jane: «Gracia Real de Santa Teresa de Mose: A free black town in Spanish colonial Florida»: *The American Historical Review*, xcv, 9-31.

Lara (2000), Sylvia Hunold: «Legislaçâo sobre escravos africanos na América portuguesa», en José Andrés-Gallego: *Nuevas aportaciones a la historia jurídica de Iberoaméria, cit. infra.*

Las Casas (1957), Bartolomé de: *Obras escogidas,* Madrid, Biblioteca de Autores Españoles (núm. 95 y 96), 502 y 617 pp.

— (1989): *Brevísima relación de la destrucción de África, preludio de la destrucción de las Indias: Primera defensa de los guanches y negros contra su esclavización,* estudio preliminar, edición y notas de Isacio Pérez Fernández, Salamanca y Lima, Editorial San Esteban e Instituto Bartolomé de Las Casas, 298 pp.

Ledesma (1611), Pedro de: *Segunda parte de la Summa, en la cual se summa y cifra todo lo moral y casos de consciencia que no pertenecen a los sacramentos, con todas sus dudas con sus razones brevemente expuestas,* Zaragoza, Lucas Sánchez, 730 pp.

Leitâo (1993), José Augusto Duarte: «A missâo do Pe. Blatasar Barreira no Reino de Angola (1580-1592)»: *Lusitania Sacra,* v, 43-92.

Leite (1956-1968), Serafim: *Monumenta Brasiliae,* Roma, Monumenta Historica Societatis Iesu, 5 volúmenes.

Levaggi (1973), Abelardo: «La condición jurídica del esclavo en la época hispánica»: *Revista de Historia del Derecho* (Instituto de Investigaciones de Historia del Derecho), I, 83-175.

López García (1982), José Tomás: *Dos defensores de los esclavos negros en el siglo XVII: Francisco José de Jaca Ofm Cap. y Epifanio de Moiráns Ofm Cap.,* Caracas, Pontificia Studiorum Universitas a S. Thomas Aq. in Urbe, XV + 379 pp.

Mercado (1569), Tomás de: *Tratos y contratos de mercaderes y tratantes descididos y determinados,* Salamanca, Mathías Gast, 248 ff.

— (1571): *Summa de tratos, y contratos, compuesta por el muy reuerendo padre fray..., de la orden de los Predicadores, maestro en sancta Theología, diuidida en seys libros. Añadidas a la primera edición, muchas nuevas resoluciones. Y dos libros enteros, como parece en la página siguiente,* Sevilla, Hernando Díaz, 226 ff.

Minguijón (1956), Salvador: «Esclavitud», en *Nueva enciclopedia jurídica,* dir. por Carlos E. Mascareñas, t. VIII, Barcelona, Francisco Seix, pp. 703-736.

Molina (1615), Luis de: *De iustitia et iure tomi sex,* Maguncia, Amberes, Ioannem Keerbergium, 3 volúmenes.

Montesquieu (s.d.): *De l'esprit des lois, Défense de l'esprit des lois,* París, Ernest Flammarion éditeur, 2 volúmenes.

Oliveyra (1555), Fernando: *Arte da guerra do mar novamente escrita per...,* Coimbra, s.i., LXXX ff.

Ortiz (1916), Fernando: *Hampa afro-cubana: Los negros esclavos. Estudio sociológico y de derecho público,* La Habana, Revista Bimestre Cubana, VIII + 536 pp.

PASO (1939-1942) Y TRONCOSO, Francisco del (recopilador): *Epistolario de Nueva España, 1505-1818,* México, José Porrúa, 16 volúmenes.

[RAYNAL (1774), Guillaume:] *Histoire philosophique et politique des établissements et du commerce des Européens dans les deux Indes,* La Haya, Gosse fils, 7 volúmenes.

[REBELLO (1610), Fernando:] *Opus de obligationibus iustitiae, religionis et charitatis,* Venecia, Ioanem Antonium & Iacobum de Franciscis, 881 pp.

RINALDI (1692-1694), Odorico: *Annales ecclesiastici ab anno quo desinit Caes. Card. Baronius MCXCVIII usque ad annum MDXXXIV continuati...,* Coloniae Agrippinae, s.i., 22 volúmenes [2].

ROCHA (1991), Manoel Ribeiro: *Etiope resgatado, empenhado, sustentado, corrigido, instruido e libertado,* presentación y edición de Silvia Hunold LARA, Campinas, Ifch-Unicamp, 149 pp.

SÁEZ (1994), José Luis: *La Iglesia y el negro esclavo en Santo Domingo: Una historia de tres siglos,* Santo Domingo, Patronato de la Ciudad Colonial de Santo Domingo, 621 pp.

SAGRA (1845), Ramón de la: *Estudios coloniales con aplicación a la isla de Cuba,* t. I: *De los efectos de la supresión en el tráfico negrero,* Madrid, Imprenta de D. Dionisio Hidalgo, 88 pp.

SALÓN (1591), Miguel Bartolomé: *Commentariorum in disputationem de iustitia, quam habet D. Thomas secunda sectione secundae partis suae Summae Theologicae,* Valencia.

---

2. Colección incompleta.

SÁNCHEZ (1681), Tomás: *Consilia seu opuscula moralia : duobus tomis contenta : opus posthumum, Editio ultima, a mendis expurgata*, Lugduni, Laurentij Arnaud, Petri Borde, Joannis & Petri Arnaud, 2 volúmenes.

SÁNCHEZ BELLA (1999), Ismael: *Literatura jurídica indiana (I)*, Madrid, Fundación Histórica Tavera («Clásicos Tavera», núm. 23), CD-Rom.

SANDOVAL (1647), Alonso de: *De instauranda aethiopum salute: Historia de Aethiopía, naturaleça, policía sagrada y profana, costumbres, ritos y cathecismo evangélico, de todos los aethíopes cô que se restaura la salud de sus almas*, 2.ª ed. aum., Madrid, Alonso de Paredes, 14 + 520 + 88 pp.

SCELLE (1906), Georges: *La trate négrière aux Indes de Castille: Contrats et traites d'assiento: Étude de Droit publique et d'Histoire diplomatique puissée aux Sources originales et accompagnée de plusieurs Documents inédits*, París, Librairie de la Société du Recueil J.-B. Sirey et du Journal du Palais, 2 volúmenes.

SCHWARTZ (1788), M.: *Reflexions sur l'esclavage des nègres, par..., pasteur du Saint Évangile à Brenne, membre de la Société économique de B****, ed. rev. y corr., Neufchatel, Froullé, VIII + 86 pp.

SOLÓRZANO (1972) PEREIRA, Juan: *Política indiana*, Madrid, Biblioteca de Autores Españoles (núm. 252-256), 5 volúmenes.

— (1994): *De Indiarum iure (Liber III: De retentione Indiarum)*, edición de C. BACIERO, F. CANTELAR, A. GARCÍA, J.M. GARCÍA AÑOVEROS, F. MASEDA, L. PEREÑA, J.M. PÉREZ PRENDES, Madrid, CSIC, 521 pp.

SOTO (1553-1554), Domingo de: *De iustitia et iure libri decem*, Salamanca, Andreas a Portonariis, 904 pp.

— (1572): *Commentariorum... in Quartum Sententiarum,* Salamanca, Ioannem Mariam à Terranoua, 2 volúmenes.

SOTO (1985) KLOSS, Eduardo: «*El arte de contractos* de Bartolomé de Albornoz, un jurista indiano del siglo XVI», en *Octavo Congreso del Instituto Internacional de Historia del Derecho Indiano, celebrado en Santiago de Chile entre los días 23 y 28 de septiembre de 1985,* t. I, Santiago de Chile, Editorial Jurídica de Chile (*Revista Chilena de Historia del Derecho,* núm. 11), p. 163-188.

TARDIEU (1993), Jean-Pierre: *L'Église et les noirs au Pérou, XVIe-XVIIe siècle,* París, L'Harmattan, 2 volúmenes.

— (2000): «*Relaciones interétnicas en América*», en José ANDRÉS-GALLEGO: *Nuevas aportaciones a la historia jurídica de Iberoamérica,* Madrid, Fundación Histórica Tavera, CD-Rom.

VEGA (1984) FRANCO, M.: *El tráfico de esclavos con América: Asientos de Grillo y Lomelin, 1663-1674,* prólogo de Enriqueta VILA VILAR, Sevilla, Escuela de Estudios Hispano-Americanos, 220 pp.

VIEIRA (1991), Alberto: *Os escravos no arquipélago da Madeira, séculos XV a XVII,* Funchal, Centro de Estudos de História do Atlántico, 1991, 544 pp.

— (1996): «Cinco séculos da história do açúcar na Madeira», en Alberto VIEIRA y Francisco CLODE: *A rota do açúcar na Madeira,* Funchal, Associacâo dos Refinadores de Açúcar Portugueses, 1996, pp. 9-176.

VILA (1990) VILAR, Enriqueta: «La postura de la Iglesia frente a la esclavitud, siglos XVI y XVII», en Francisco de SOLANO y Agustín GUIMERÁ (ed.): *Esclavitud y derechos humanos...,* cit. supra, pp. 25-32.

VILAR (1971), Sylvia: «*Los predestinados de Guinea:* Quelques raisonnements sur la traite des noirs entre

1662 et 1780»: *Mélanges de la Casa de Velázquez,* VII, 295-325.

VITORIA (1930-1931), Francisco de: «Carta del maestro fray... al padre fray Bernardino de Vique acerca de los esclavos con que trafican los portugueses, y sobre el proceder de los escribanos»: *Anuario de la Asociación Francisco de Vitoria,* III, 38-40.

Astrolabio

HISTORIA

Grandes interpretaciones de la historia (5.ª edición) / Luis Suárez
Historia de las religiones / Manuel Guerra
    I. Constantes religiosas (2.ª edición)
    II. Los grandes interrogantes (2.ª edición)
    III. Antología de textos religiosos (2.ª edición)
Civilizaciones del Este asiático / Wm. Theodore de Bary
Sacerdotes en el Opus Dei. Secularidad, vocación y ministerio / Lucas F. Mateo Seco y Rafael Rodríguez-Ocaña
Rusia entre dos revoluciones (1917-1992) / Autores varios
La Gamazada. Ocho estudios para un centenario / Autores varios
Historia del feminismo (siglos XIX y XX) / Gloria Solé Romeo
Corrientes del pensamiento histórico / Luis Suárez Fernández
Cuba y España, 1868-1898. El final de un sueño / Juan B. Amores Carredano
Pablo Sarasate (1844-1908) / Custodia Plantón
Mi encuentro con el Fundador del Opus Dei. Madrid, 1939-1944 (3.ª edición) / Francisco Ponz
El matrimonio civil en España. Desde la República hasta Franco / Francisco Martí Gilabert
La vida de Sir Tomás Moro (2.ª edición) / William Roper (Introducción, traducción y notas de *Alvaro de Silva*)
¿Por qué asesinaron a Prim? La verdad encontrada en los archivos / José Andrés Rueda Vicente
Carlos IV en el exilio / Luis Smerdou Altolaguirre
Carlos V. Emperador de Imperios / Emilia Salvador Esteban
El conflicto árabe-israelí en la encrucijada ¿es posible la paz? / Romualdo Bermejo García
Josemaría Escrivá de Balaguer y los inicios de la Universidad de Navarra (1952-1960) / Onésimo Díaz Hernández y Federico M. Requena (Eds.)
La Iglesia y la esclavitud de los negros / José Andrés-Gallego y Jesús María García Añoveros